POLYGLOTT on tour

Dresden

Die Autoren

Frank Schüttig

ist in Großröhrsdorf bei Dresden geboren, arbeitete nach technischem Studium in verschiedenen Berufen. Im Jahr 1985 siedelte er aus der DDR in die Bundesrepublik um und studierte Geschichte, Informationswissenschaft und Germanistik. Heute schreibt er als freier Journalist, Buch- und Hörfunkautor vorrangig über touristische Themen.

Christoph Münch

ist in Lorsch (Hessen) aufgewachsen. Er studierte Musikwissenschaft, Germanistik, Sprachen und Geschichte in Heidelberg und Rom. Dazu kam eine journalistische Ausbildung und Tätigkeit als Rundfunkautor. Er lebt seit 1994 in Dresden und arbeitet im Tourismus u.a. auch als Gästeführer sowie als Journalist und Autor.

Das System der POLYGLOTT Sterne

Auf Ihrer Reise weisen Ihnen die Polyglott-Sterne den Weg zu den bedeutendsten Sehenswürdigkeiten aus Natur und Kultur. Für die Vergabe orientieren sich Autoren und Redaktion am UNESCO-Welterbe.

*** eine Reise wert   ** einen Umweg wert   * sehr sehenswert

Unsere Preissymbole bedeuten:

Hotel (DZ)		Restaurant (Menü)	
●●●	über 100 €	●●●	über 15 €
●●	60 bis 100 €	●●	10 bis 15 €
●	bis 60 €	●	bis 10 €

Wechselkurs:

1 €	ca. 1,22 CHF	1 CHF	ca. 0,83 €

Reiseplanung

Land & Leute

Unterwegs in Dresden

Zeichenerklärung der Karten

6 Top 12 Tipp

beschriebenes Stadtviertel (Seite=Kapitelanfang)

32 oder A Sehenswürdigkeiten

5 Tourenvorschlag in Stadt

Autobahn

Schnellstraße

Hauptstraße

sonstige Straßen

Fußgängerzone

Eisenbahn

Staatsgrenze

Landesgrenze

Nationalparkgrenze

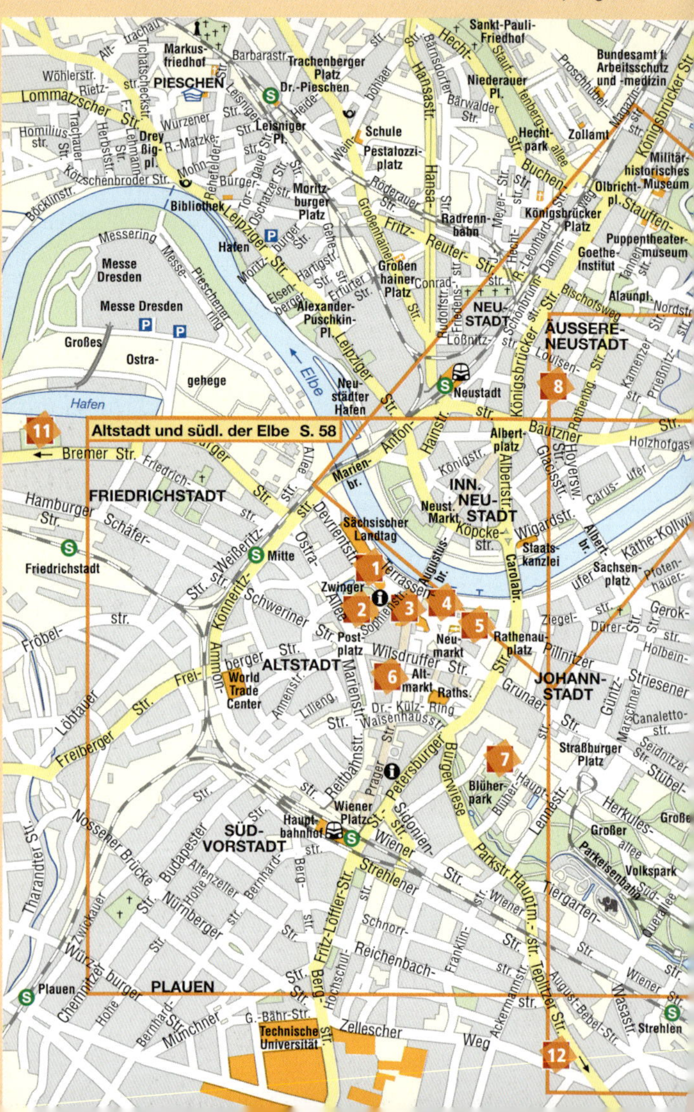

POLYGLOTT Top 12

1. Semperoper
2. Dresdner Zwinger
3. Dresdner Schloss
4. Brühlsche Terrasse
5. Frauenkirche
6. Striezelmarkt
7. Deutsches Hygiene-Museum
8. Neustadt-Bummel
9. Loschwitz
10. Schloss Pillnitz
11. Meißen
12. Basteifelsen bei Rathen

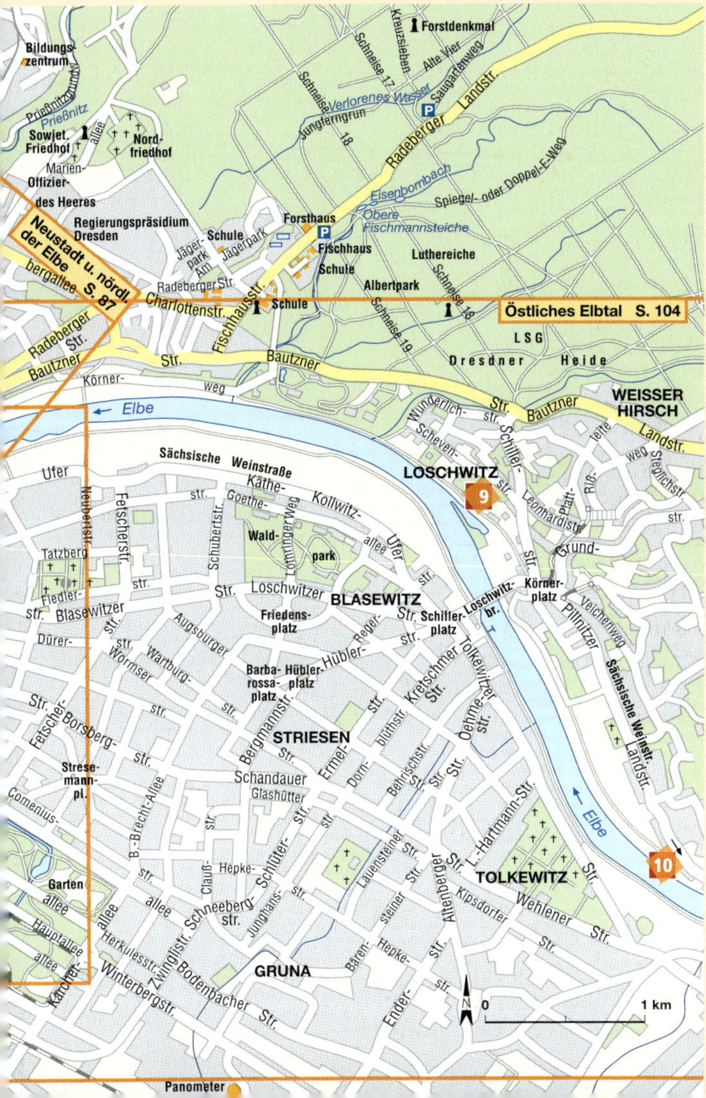

Reiseplanung

Die Stadtviertel][Die schönsten Touren][Klima und Reisezeit][Anreise][Stadtverkehr][Sport und Aktivitäten][Unterkunft][Essen und Trinken][Shopping][Am Abend

Die Stadtviertel im Überblick

»Dresden hat mir große Freude gemacht und meine Lust, an Kunst zu denken, wieder belebt. Es ist ein unglaublicher Schatz aller Art an diesem schönen Orte«, begeisterte sich Goethe 1790. »Ein deutsches Florenz«, schwärmte Goethes Freund, der Philosoph Johann Gottlieb Herder 1802. Und der 1899 in Dresden geborene Erich Kästner nannte seine Heimatstadt einen Dreiklang von Geschichte, Kunst und Natur und fügte stolz hinzu: »Wenn es zutreffen sollte, dass ich nicht nur weiß, was schlimm und hässlich, sondern auch, was schön ist, so verdanke ich diese Gabe dem Glück, in Dresden aufgewachsen zu sein.« Auch heute noch fällen viele ausländische Besucher, die ein Abstecher von der deutschen Hauptstadt eher zufällig erstmals nach Dresden führt, ihr Fazit: »Berlin ist interessant – und Dresden schön«.

Dabei war nach den Bombenangriffen am 13. und 14. Februar 1945 › S. 78 kaum abzusehen, dass Dresden jemals wieder mit Schönheit in Verbindung gebracht werden würde. Das Stadtzentrum lag in Trümmern, und beim sozialistischen Wiederaufbau kündeten zunächst nur ganz wenige wiederhergestellte historische Bauten vom einstigen Glanz der sächsischen Residenz. Das änderte sich langsam in den 1970er-Jahren. Die Dresdner kämpften für die Schönheit ihrer Stadt und tun das auch heute noch leidenschaftlich. Die UNESCO schloss 2004 die einzigartige Stadtlandschaft in das Weltkulturerbe mit ein – ein ehrenvoller Status, der Dresden allerdings wegen des Baus der umstrittenen Waldschlösschenbrücke bereits 2009 wieder aberkannt wurde.

Mit Frauenkirche und Schloss ist Dresdens Silhouette wieder komplett

Dresdens wichtigste Sehenswürdigkeiten liegen sehr dicht beieinander. Fast möchte man glauben, man habe in nur wenigen Stunden alles gesehen. Doch Dresdens wahrer Reiz liegt in der Vielfalt zwischen moderner Großstadt, romantischer Idylle und sächsischer Gemütlichkeit. Dazu kommt noch die abwechslungsreiche Umgebung, die den Eindruck von Dresden erst vervollständigt.

Dresden ist flächenmäßig die viertgrößte Stadt Deutschlands. Sie besteht aus insgesamt rund 50 historischen Orten, die teilweise ihren alten Dorfkern, manchmal auch noch ihren kompletten ländlichen Charakter bewahrt haben. Touristisch bedeutsam ist zunächst die südlich der Elbe gelegene **Altstadt.** Historische Bauten in einmaliger Dichte, gefüllt mit unermesslichen Kunstwerken, und moderne Einkaufsstraßen liegen hier dicht beieinander. Ebenfalls in unmittelbarer Nähe erstreckt sich Dresdens innerstädtische grüne Lunge, der Große Garten. Auf der gegenüberliegenden, nördlichen Elbseite liegt die **Neustadt**. Hier bieten ein ursprünglich erhaltenes, beschaulich-elegantes Barockviertel und ein quirliges Gründerzeitquartier städtisches Flair und zeigen Dresden buchstäblich von der anderen Seite. Schlösser, Villen, Weinberge und nahezu unberührte Flussauen machen das **Dresdner Elbtal** zu einer lieblichen Kulturlandschaft, ein beliebtes Ziel für die Wochenendspaziergänge der Dresdner. Tun Sie es ihnen einfach nach!

Die schönsten Touren

Ein verlängertes Wochenende

Theaterplatz › Neumarkt › Neustadt › Pillnitz › Loschwitz › Weißer Hirsch › Gemäldegalerie › Grünes Gewölbe › Meißen

Dauer

2½ Tage

Verkehrsmittel

Die Wege zwischen Alt- und Neustadt bewältigt man bequem zu Fuß. Loschwitz und Pillnitz sind gut mit dem Bus 63 zu erreichen. Eine Tageskarte für den ÖPNV oder die Dresden Card › S. 139 berechtigen auch zur Fahrt mit den Fähren. Die Bergbahnen kosten aber in jedem Fall noch einmal extra (3 Euro). Die Schifffahrt nach Pillnitz dauert ca. 90 Min. und kostet etwa 10 Euro.

Echt gut!

Die verwegensten Stadterkundungen

- Bei der **Trabi-Safari** steuert man selbst seine Rennpappe durch Dresden, während man die Erklärungen des Gästeführers aus dem Radio hört. An die Gangschaltung hat man sich schnell gewöhnt. Los geht's an der Ostra-Allee (Tel. 89 90 01 10, www.trabi-safari.de).
- Das **Conference Bike** ist ein rundes Fahrrad, das bis zu sieben Personen im Kreis sitzend voranbringen. So wird man selbst zur Touristenattraktion (Tel. 206 09 23, Mobiltel. 01 79/557 82 66, www.cbikes.de).
- Mit den **Rikscha-Taxen** können sich bis zu zwei Personen gemütlich durch die Stadt fahren lassen. Die Kompetenzen der Führer liegen allerdings meist eher auf sportlichem Gebiet. Zentraler Abfahrtspunkt ist der Neumarkt vor der Frauenkirche.
- Die Kneipenszene der Neustadt ist so legendär wie unübersichtlich. Einen Überblick verschafft täglich um 21 Uhr (im Winter nur nach Anmeldung) der **Kneipenrundgang »Night Walk«** (Treffpunkt: Artesischer Brunnen am Albertplatz, Tel. 01 72/781 50 07, www.nightwalk-dresden.de).
- Eine **Kutschfahrt**, wie sie am Kulturpalast oder am Schlossplatz starten, ist nichts wirklich Ungewöhnliches, außer man wählt den doppelstöckigen Pferdeomnibus. Dieser fährt im Sommer täglich zwischen 10 und 13 Uhr zur vollen Stunde ab dem Kulturpalast (Tel. 015 20/235 53 81, www.kutschfahrten-in-dresden.de).

Nach der Ankunft am Nachmittag des ersten Tages steht erst einmal die historische Altstadt auf dem Programm. Den Rundgang › S. 60 sollte man so gestalten, dass man kurz vor 18 Uhr auf dem Neumarkt den Glocken der ***Frauenkirche › S. 72 lauschen kann. Sie laden zur musikalischen Andacht mit anschließender Kirchenerklärung, eine schöne Einstimmung in den Abend, den man dann gemütlich in einem der vielen Lokale am ***Neumarkt** › S. 73 abschließen kann. Wer das Dresdner Nachtleben besser kennenlernen möchte, fährt einfach mit der Straßenbahn zum **Albertplatz** › S. 92; dort startet am säulenumstandenen Rundbrunnen um 21 Uhr der »Night Walk« › Kasten links.

Der nächste Tag beginnt mit einer Fahrt mit dem modernen Motorschiff (Abfahrt: 10 Uhr) oder dem historischen Raddampfer (Abfahrt 9, 10.30 Uhr in der Saison) nach ****Pillnitz** › S. 116, die einstige Sommerresidenz des sächsischen Hofes. Dort sollte man nicht nur den schönen Park, sondern auch die Räume des Schloss- und des Kunstgewerbemuseums erkunden. Nach einem Abstecher ins ***Weber-Museum** › S. 118 geht es mit dem Bus wieder in Richtung Dresden. Man steigt am idyllischen Marktplatz von **Loschwitz** › S. 114 aus. Von hier bringt einen die Standseilbahn hinauf zu den Villen am **Weißen Hirsch** › S. 113, wo man bei einem Kaffee im Luisenhof das außergewöhnliche Panorama der im Elbtal liegenden Stadt genießen kann. Über die Plattleite gelangt man zur Straßenbahnlinie 11 und mit dieser an den **Elbschlössern** › S. 111 vorbei ins Stadtzentrum. Wer will, kann bereits am Albertplatz aussteigen und durch die innere Neustadt in die Altstadt zurückbummeln. Am Abend bietet sich der Besuch eines Konzertes oder einer Aufführung in einem der vielen Theater an › S. 33.

Der dritte Tag gibt vormittags Gelegenheit, ein oder zwei Museen zu besuchen, wobei die ***Gemäldegalerie Alte Meister** › S. 63 und das ****Dresdner Schloss** › S. 64 mit dem ***Grünen Gewölbe** fast schon zum Pflichtprogramm gehören. Wer mit dem Auto unterwegs ist, sollte versuchen, die Rückreise mit einem Abstecher nach ****Meißen** › S. 120 oder ****Moritzburg** › S. 124 zu verbinden.

Ein Tag in Dresden

Hauptbahnhof › Altmarkt › Zwinger › Frauenkirche › Hauptstraße › Albertplatz › Pfund's Molkerei › Neustädter Bahnhof

Dauer

Gehzeit ca. 4–5 Std.

Verkehrsmittel

Die Sehenswürdigkeiten reihen sich entlang des rund 5 km langen Fußweges in die Neustadt. Von dort ist man mit der Straßenbahnlinie 11 in ca. 5 Min. wieder am Neustädter Bahnhof bzw. in 20 Min. am Hauptbahnhof; man benötigt lediglich einen Einzelfahrschein.

Hat man nur einen Tag Zeit in Dresden, kann man die Innenstadt zwischen den beiden großen Bahnhöfen durchqueren. Der erste Eindruck vom Dresden am ***Hauptbahnhof** › S. 80 ist der einer modernen Großstadt. Zahlreiche Geschäfte, Warenhäuser und auch die »Centrum-Galerie« säumen den Weg. Der hohe Turm des Rathauses und die Kreuzkirche am **Altmarkt** › S. 75 markieren am Dr.-Külz-Ring den Beginn des historischen Stadtzentrums.

Der Rundgang führt nun über den Altmarkt und die Wilsdruffer Straße zum Postplatz. Der modernistische Platz mit überdimensionierter Straßenbahnhaltestelle wirkt ziemlich öde. Stadtplaner verweisen auf die geplante Bebauung entsprechend eines Plans des Architekten Schürmann aus den 1990er-Jahren. Umso erfreulicher ist dann der Anblick des ***Zwingers** › S. 62. Von hier aus geht man über den ****Theaterplatz** › S. 60, an ****Semperoper** › S. 60 und ****Dresdner Schloss** › S. 64 vorbei bis zur ***Frauenkirche** › S. 72 und schließlich zur Augustusbrücke. Auch wenn die Zeit für Besichtigungen knapp ist: Für einen Blick in die ***Kathedrale** › S. 68 oder die Frauenkirche (vor 11:45 und nach 13 Uhr) sollte sie reichen. Ist man nicht schon in einem der zahlreichen Lokale der Altstadt eingekehrt, so hat man auch auf der Neustädter Seite dazu noch ausreichend Gelegenheit. Von der Brücke bietet sich noch ein herrlicher Blick auf die sich im Elbwasser spiegelnde Altstadt, bevor man nun unter den Platanen der Neustädter ***Hauptstraße** › S. 91 und auf der Königstraße entlangbummelt. Sind die Boutiquen besonders auf letzterer eher nobel, findet man dann in den Straßen hinter dem Albertplatz das coole und jugendliche Dresden. Unter der Woche sollte man vor 18 Uhr einen Abstecher in ***Pfunds Molkerei** › S. 102 unternehmen. Ein Muss ist auch der Bummel durch die ***Kunsthofpassage** › S. 101 mit netten Shops und gemütlichen Kneipen. Zu Fuß oder mit der Straßenbahn erreicht man schließlich den **Bahnhof Dresden-Neustadt**.

Musikalischer Stadtrundgang

Synagoge › Sächsische Landesbibliothek › Frauenkirche › Kulturpalast › Kreuzkirche › Kathedrale › Semperoper › Musikhochschule › Alter Katholischer Friedhof

Dauer

ca. 3–4 Stunden

Verkehrsmittel

Von der Synagoge zur Sächsischen Landesbibliothek kommt man mit den Straßenbahnlinien 3 oder 8, entweder bis Reichenbachstr., von wo es ca. 1 km zu Fuß weitergeht, oder bis Nürnberger Platz, wo einem der Bus 61 das Laufen abnimmt. Vom Bahnhof Mitte bis Krankenhaus Friedrichstadt kann man die Straßenbahn 10 nehmen, die einen auch ins Zentrum zurückbringt.

Zahlreiche Komponisten haben in Dresden gewirkt. Ihren Spuren folgt dieser Rundgang. Ausgangspunkt ist die ***Dresdner Synagoge** › S. 72, in der heute wieder zu Gottesdiensten jüdische Gesänge erklingen. Von hier kann man mit der Straßenbahnlinie 3 einen Abstecher zum Buchmuseum der **Sächsischen Landes- und Universitätsbibliothek** unternehmen. Es zeigt wertvolle Handschriften aus der Musikaliensammlung, u.a. von **Antonio Vivaldi**, der einige seiner schönsten Concerti grossi »per l'orchestra di Dresda« schrieb (Zellescher Weg 18, Tel. 4677390, www.slub-dresden.de, Mo–Fr 10–17 Uhr, Eintritt frei).

Auf dem Weg passiert man die mit goldenen Kuppeln bekrönte **russisch-orthodoxe Kirche** aus dem 19. Jh., in der man mit etwas Glück russischen Männerchorklängen lauschen kann. Dahinter sieht man den Turm der **Lukaskirche**, wo fast alle Aufnahmen der Dresdner Orchester eingespielt werden.

Im Foyer der Semperoper

Zu Fuß geht es von der Synagoge in die Altstadt. Die ***Frauenkirche › S. 72 ist seit ihrer Weihe 2005 wieder ein Zentrum Dresdner Musikkultur. Gegenüber ist das Wohnhaus von **Heinrich Schütz** (1585–1772) wiedererstanden; musizierende Knaben schmücken den Renaissance-Erker. Das **Hotel de Saxe** › S. 73 ist wiederum mit Robert Schumann verbunden: Seine Frau Clara führte hier 1845 hochschwanger das Klavierkonzert ihres Gatten erstmals öffentlich auf. Auch im **Coselpalais** › S. 73 musizierten die beiden.

Im 1969 erbauten Kulturpalast ist die **Dresdner Philharmonie** beheimatet. Ab 2012 soll der große Saal umgebaut werden, um den Ansprüchen des 1872 gegründeten Spitzenorchesters besser gerecht zu werden. Von hier aus sieht man bereits den Turm der ***Kreuzkirche** › S. 76, einst Wirkungsstätte von Heinrich Schütz und Stammhaus des **Dresdner Kreuzchors** › S. 51. Am Halbrund des QF-Komplexes vorbei gelangt man zum ****Fürstenzug** › S. 67. In der Töpfergasse hatte Richard Wagner eine seiner insgesamt zehn Wohnungen in Dresden. Die herrliche Silbermann-Orgel der ****Kathedrale** › S. 68 kann man mittwochs und samstags um 11.30 Uhr hören.

Die ****Semperoper** › S. 60 gehört zu den erfolgreichsten Opernhäusern der Welt. Hier residiert die **Sächsische Staatskapelle**. 1548 gegründet ist sie das wohl älteste noch existierende Orchester der Welt. An der Dresdner Oper wirkten u.a. Carl Maria von Weber, Richard Wagner und Richard Strauss.

Vorbei am **Schauspielhaus** geht es durch die Grüne Straße zur **Musikhochschule** mit ihrem modernen Konzertsaal. Nur wenige Schritte sind es zum Bahnhof Mitte und zur Friedrichstadt. Auf dem **Alten katholischen Friedhof** gegenüber dem Marcolinipalais (heute Krankenhaus Friedrichstadt) liegt Carl Maria von Weber begraben.

Auf der Sächsischen Weinstraße

Diesbar-Seußlitz › Zadel › Meißen › Radebeul › Dresden › Wachwitz › Pillnitz › Pirna

Distanzen

Diesbar-Seußlitz › Zadel 6 km/8 Min. **Zadel › Meißen** 8 km/12 Min. **Meißen › Radebeul** 17 km/25 Min. **Radebeul › Dresden** 10 km/20 Min. **Dresden › Wachwitz** 9 km/18 Min. **Wachwitz › Pillnitz** 5 km/7 Min. **Pillnitz › Pirna** 8 km/12 Min.

Verkehrsmittel

Mit dem Auto ist die Tour zwar am bequemsten. Man hat jedoch den Nachteil, dass der Fahrer nicht in ihren vollen Genuss kommt. Ab Meißen verläuft die S-Bahn weitgehend parallel zur Sächsischen Weinstraße. Auch eine Kombination mit der Sächsischen Dampfschifffahrt ist möglich: Abfahrt am Dresdner Terrassenufer um 9.45 Uhr; über Meißen erreicht man Seußlitz um 12.45 Uhr, von wo es nach 45 Min. zurückgeht; wer vorher aussteigt, hat einen entsprechend längeren Aufenthalt (Tageskarte: 23 Euro).

Die Sächsische Weinstraße beginnt im reizvollen Ort **Diesbar-Seußlitz**. Sehenswert ist das Schloss, das der Architekt der Dresdner Frauenkirche George Bähr 1722 im barocken Stil umgestaltete. Auf der Terrasse des Gasthofs zum Roß (Meißner Str. 15, Tel. 03 52 67/51 80, www.zum-ross-diesbar.de) sollte man einen Schoppen des »Seußlitzer Heinrichsberg« probieren. Weiter geht es die Elbe entlang nach **Zadel**. Hier hat das renommierte **Weingut Schloss Proschwitz** des Prinzen zu Lippe seinen Gutsverkauf (Dorfanger 19, Tel. 035 21/767 60, www.schloss-proschwitz.de). Vom Weinberg aus hat man einen herrlichen Blick auf ****Meißen** › S. 120. Hier führt die sächsische Weinstraße führt am **Spaar-Gebirge** vorbei, wo der romantische Weingasthof Bauernhäus'l eine echte Institution ist (Oberspaarer Str. 20, Meißen, Tel. 035 21/73 33 17, www.bauernhaeusl.de). Anschließend kann man in Sörnewitz im Weingut Schuh einkehren, das für seine guten Rotweine bekannt ist (Dresdner Str. 314, Tel. 035 23/848 10, www.weinhaus-schuh.de).

Über **Coswig** mit sehenswerter Dorfkirche geht es nach ***Radebeul**, wo in der barock-modernen Anlage von ***Schloss Wackerbarth** › S. 129 das Sächsische Staatsweingut zu Hause ist. Jenseits der Bahnlinie lohnt ein Spaziergang durch das Dorf ***Altkötzschenbroda** nahe der Elbe. Unterhalb der Weinberge am Fuße der Spitzhaustreppe liegt das **Weingut Hoflössnitz** › S. 128. Hier kann man sich in einem Museum über die 850-jährige Geschichte des sächsischen Weinbaus informieren. Wandert man auf gleicher Höhe etwa 1 km in Richtung Dresden, erreicht man die märchenhafte **Villa Sorgenfrei**, deren herrliche Terrasse zum Verweilen einlädt (Augustusweg 48, Tel. 03 51/795 66 60, www.hotel-villa-sorgenfrei.de). Vom Dresdener Stadtzentrum, in dem sächsischer Wein fast in allen Lokalen ausgeschenkt wird, geht es 4 km ostwärts. Die **Loschwitzer Elbhänge** bewirtschaftet Winzer Lutz Müller, der in seiner Weinschule Seminare anbietet (Bautzner Str. 130, Tel. 03 51/251 78 19, www.winzer-mueller.de). Am Weinberghäuschen vorbei, in dem Schiller seine »Ode an die Freude« schrieb, erreicht man **Wachwitz**. Hier führt der Weinwanderweg oberhalb der Weinberge mit herrlichem Blick über das Dresdner Elbtal nach **Pillnitz** › S. 116. Berühmtester Winzer hier ist Klaus Zimmerling. Über Graupa geht es nach ****Pirna**, wo an den Hügeln des Elbsandsteingebirges die östlichste Weinlage Deutschlands zu finden ist.

Touren und Ausflüge

Touren in der Stadt	Region	Dauer	Seite
Das klassische Dresden	Altstadt	2–8 Std.	60
Vom Mittelalter zur Moderne	Altstadt	1–3 Std.	75
Westlich des Zentrums	Altstadt	2 Std.	80
Rund um den Großen Garten	Altstadt	4–6 Std.	83
Barockidylle jenseits der Elbe	Neustadt	2–3 Std.	89
Durch die Äußere Neustadt	Neustadt	1 Tag	96
Plattenbauten, Villen und Technikgeschichte	Elbtal	2–3 Std.	106
Entlang der Dresdner Elbhänge	Elbtal	3–4 Std.	109
Das romantische Pillnitz	Elbtal	4 Std.	116
Ausflüge	**Lage**	**Dauer**	**Seite**
Meißen	30 km westlich	1 Tag.	120
Moritzburg	15 km nordwestl.	4 Std.	124
Radebeul	7 km westlich	4 Std.	127
Radeberg und Pulsnitz	20 km nördlich	4–5 Std.	130
Schönfelder Hochland und Stolpen	25 km östlich	5 Std.	131
Pirna und Umgebung	25 km südöstlich	6 Std.	132
Sächsische Schweiz	45 km südöstlich	1 Tag	136

Klima und Reisezeit

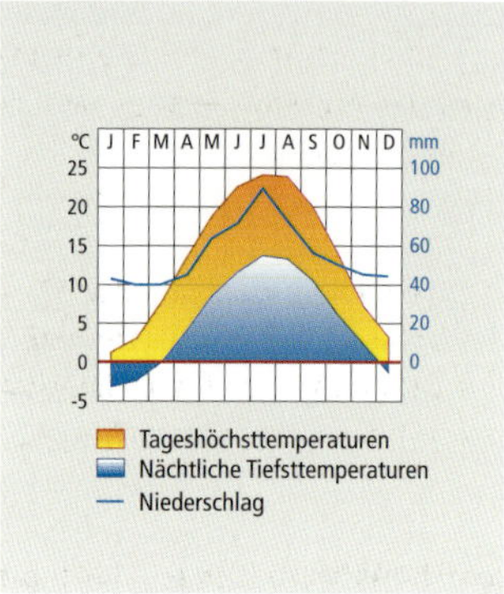

Im oberen Elbtal sind die Temperaturunterschiede zwischen Sommer und Winter nicht so groß wie etwa im Süden Deutschlands. Während die durchschnittliche Tagestemperatur im Juli und August um 24 °C liegt, bewegt sie sich im Winter knapp über dem Gefrierpunkt. Die Werte werden allerdings am rund 100 m oberhalb der Stadt gelegenen Flughafen Klotzsche gemessen. Im Elbtal selbst liegen die Temperaturen meist ein bis zwei Grad darüber. Hochsaison ist in Dresden zwischen April und Oktober sowie im Dezember. Insbesondere für verlängerte Wochenenden muss man dann frühzeitig ein Quartier buchen.

In der warmen Jahreszeit kommen die natürlichen Reize der Elbmetropole am besten zur Geltung. Dann lebt die Stadt im Freien – ob in Terrassenlokalen, an Stadtstränden, auf Rad- und Schiffstouren oder zahlreichen Open-Air-Veranstaltungen. Im Dezember erwacht dann dieses Gefühl trotz Kälte und Feuchte erneut, sei es auf einem der vielen Weihnachtsmärkte oder an Silvester, wenn sich die halbe Stadt auf den Elbwiesen oder auf dem Theaterplatz zu versammeln scheint, um ausgelassen das neue Jahr zu begrüßen.

Die als katholische Hofkirche erbaute Dresdner Kathedrale

Kulturbegeisterte nutzen gern die Nebensaison von Januar bis März, um beim Semperopernball oder Operettenball Dresdens glamouröse Seite zu genießen, oder sich kurzfristig für große Konzert- oder Opernerlebnisse entscheiden zu können. Auch die Museen sind in diesen Monaten nicht so voll.

Anreise

Mit dem Auto

Dresden ist aus Richtung Berlin, Leipzig und Chemnitz über Autobahnen sehr gut angebunden. Die Eröffnung der Autobahn nach Prag hat zudem das Nadelöhr der Innenstadt zusätzlich entlastet.

Mit der Bahn

Auch mit der Bahn ist Dresden u. a. per ICE gut zu erreichen. Aus Süddeutschland und der Schweiz empfiehlt sich die bequeme Anreise mit der **City Night Line**. Die Stadt verfügt mit Hauptbahnhof und Bahnhof Dresden-Neustadt über zwei Fernbahnhöfe. Infos: www.bahn.de

Flugzeug und Schiff

Linienflüge verbinden zahlreiche deutsche und europäische Städte mit dem Flughafen »Dresden International« in Dresden-Klotzsche, 9 km nördlich des Stadtzentrums. Von dort bestehen S-Bahn-Verbindungen zum Hauptbahnhof und zu den Bahnhöfen Neustadt und Mitte.

Die Stadt kann man auch im Rahmen einer **Elbekreuzfahrt** bereisen, die von Hamburg bzw. Magdeburg aus bis zur Moldau kurz vor Prag führen. Veranstalter sind u.a. die Viking Schifffahrtsgesellschaft (Tel. 08 00/188 71 00 33 aus Deutschland bzw. 08 00/84 54 64 aus der Schweiz, www.vikingrivers.de) und die Stuttgarter Nicko Tours GmbH (Tel. 07 11/248 98 00, www.nicko-tours.de).

Stadtverkehr

Öffentliche Verkehrsmittel

Mit Straßenbahn und Bus bewegt man sich gut und schnell durch die Stadt, das Netz ist sehr engmaschig und mehrere Straßenbahnlinien verkehren die ganze Nacht (Fahrplan: Tel. 03 51/857 10 11, www.dvb.de). Mit der S-Bahn erreicht man auch die Sächsische Schweiz und Meißen. Die Einzelfahrscheine kosten 2 € (gültig 1 Std.). Sie werden auch in Straßenbahnen am Automaten angeboten. Billiger sind die nur im Vorverkauf erhältlichen Kurzfahrten (vier Fahrten mit bis zu vier Haltestellen zu 5,50 €) oder die Viererkarten (7 €). Zu zweit lohnt sich die Familientageskarte (7 €). Die **Dresden-Card** ist vor allem etwas für Besucher, die länger als einen Tag bleiben › S. 139; kaufen kann man sie in der **Tourist-Information** im Kulturpalast (www.dresden.de/tourismus).

Auto

Rings um das Zentrum verlaufen mehrere Durchgangsstraßen, während das Zentrum selbst – teils jedoch leider nur halbherzig – zu verkehrsberuhigten Zonen oder Fußgängerbereichen umgestaltet worden ist. Gebührenpflichtige Parkplätze und Tiefgaragen stehen in der Altstadt ausreichend zur Verfügung. Angespannt ist die Parkplatzsituation dagegen in der dicht besiedelten Neustadt, die man besser mit öffentlichen Verkehrsmitteln ansteuert.

Taxi

In Dresden gibt es zwei Taxi-Anbieter. Entweder man ruft die herkömmlichen gelben Taxen (Tel. 21 12 11) oder man lässt sich vom 8x8 Chauffeurdienst (Tel. 88 88 88 88) **mit eleganten schwarzen Limousinen der Oberklasse abholen.** Beide Unternehmen sind seriös und zuverlässig, die Preise gleichen sich.

Echt gut!

Dampfschifffahrt

Die zentrale Anlegestelle der Raddampferflotte, die 2011 ihren 175. Geburtstag feierte, liegt unterhalb der Brühlschen Terrasse am Altstadt-Ufer. Von April bis Oktober werden Fahrten in die Sächsische Schweiz angeboten, nach Meißen (auch mit Weinprobe), mehrfach täglich eine »Schlösserfahrt« bis Pillnitz sowie – auch im Winter – regelmäßig Sonderfahrten. Info: Tel. 86 60 90, www.saechsische-dampfschiffahrt.de).

Zwischen Blauem Wunder und Zentrum: In dieser Stadt ist viel Natur

Special

Mit Kindern in der Stadt

Unter den Museen gehen einige besonders intensiv auf die Interessen von Kindern ein. Im **Erich-Kästner-Museum** › S. 93 können Kinder in Schubladen, auf Bildschirmen, in einer Leseecke oder tobend im Garten das Leben des Schriftstellers entdecken.

Das ****Deutsche Hygiene-Museum** › S. 86 hat ein eigenes **Kindermuseum** speziell für junge Menschen zwischen vier und zwölf Jahren eingerichtet. Hier können sie sich selbst und ihre eigenen Fähigkeiten entdecken und ihre Sinne schärfen. Auch die Dauerausstellung mit ihren Themen »Der Gläserne Mensch«, »Leben und Sterben«, »Essen und Trinken«, »Sexualität«, »Erinnern, denken, lernen«, »Bewegung« sowie »Schönheit, Haut und Haar« lädt zum Experimentieren und Ausprobieren ein. Dabei verbirgt die Ausstellungsarchitektur geschickt nicht jugendfreie Inhalte.

Das ***Panometer Dresden** › S. 86 lässt die Stadt zur Barockzeit lebendig werden. Hier läuten Glocken, trappeln Pferde über die Brücke und überall gibt es kleine Geschichten zu entdecken.

Beim am westlichen Stadtrand gelegenen **Theater Junge Generation** ist der Name Programm. Das Repertoire reicht vom Märchen für die Kleinsten bis zu aktuellen Themen für junge Erwachsene. Zum Haus gehört ein eigenes Puppentheater, das im Rundkino Prager Straße bzw. im Sommer im Großen Garten spielt.

Spiel und Spaß bietet der Abenteuerspielplatz Panama in Dresden

Theater Junge Generation

Meißner Landstraße 4

Tel. 42 91 20][www.tjg-dresden.de

Ein besonders einprägsames Erlebnis kann man Kindern mit einem **Geschichtenerzähler** bescheren. Märchenhaft sind bereits die Spielstätten: die orientalische Glaskuppel der Yenidze, das türkische Bad auf Schloss Albrechtsberg, der Glockenspielpavillon des Zwingers oder die Kasematten unter der Brühlschen Terrasse. Achtung: Manchmal gibt es dort auch erotische Lesungen für Erwachsene …

1001 Märchen

Weißeritzstr. 3][Tel. 495 10 01

www.1001maerchen.de

Unter freiem Himmel

Die erste Wahl im Stadtzentrum ist der **Dresdner Zoo** › S. 85. Besonders das Afrika- und Elefantenhaus, die Löwenanlage oder der ganz neue Bereich für die Giraffen lassen Kinderherzen höher schlagen. Vom Straßburger Platz kann man mit der **Parkeisenbahn** › S. 84 zum Zoo fahren.

Bei einem Neustadt-Bummel kann man mit Schulkindern und Jugendlichen bis 16 Jahren einen Abstecher zum **Abenteuerspielplatz Panama** › S. 101 machen. Dort warten eine Holzstadt, Tiere, Sportangebote usw. (Seifhennersdorfer Str. 2, www.asp-panama.de, Mo, Di, Do, Fr 14–18.30, Sa, Fei 8–10, 16–18 Uhr).

Seine Geschicklichkeit unter Beweis stellen kann man im **Kletterwald** in der Dresdner Heide, wo man unter Anleitung in und über Bäume klettert. Man erreicht ihn mit der Straßenbahnlinie 7, Haltestelle »Zur Neuen Brücke« (www.kletterwald-dresdner-heide.de, Juni–Aug. tgl. 10–20, April, Mai, Sept, Mo–Fr 13–19, Sa, So 10–19, Okt. Mo–Fr 13–17, Sa, So 10–17 Uhr).

Sport und Aktivitäten

Dresden eröffnet als grüne Stadt am Fluss, die zusätzlich mit einem herrlichen Umland verwöhnt ist, zahlreiche Möglichkeiten zur aktiven Urlaubsgestaltung.

Auf Rädern

Ein Klassiker bei Radfahrern ist der gut ausgeschilderte **Elberadweg**, der die Stadt auf rund 30 km durchquert. Besonders beliebt ist der Weg von Dresden aus in Richtung Südost. An Wochenenden muss man ihn sich allerdings auch mit zahlreichen Spaziergängern teilen. In Richtung Meißen ist die südliche Elbseite besser ausgebaut. Man kommt dabei durch das Ostragehege und an der wieder aufgebauten Gohliser Windmühle vorbei. Auf der nördlichen Elbseite führt der Weg ab Pieschen teilweise durch ein Gewerbegebiet, bevor man ab dem idyllischen Vorort Kaditz wieder an die Elbe kommt (www.elberadweg.de). Beliebt sind auch die Touren durch die Dresdner Heide, die vom Fahrrad aus bei Weitem nicht so flach erscheint, wie es der Plan vermuten lässt.

Buch-Tipp Der ADFC gibt einen hervorragenden Fahrradstadtplan mit den besten Routen heraus, der im Buchhandel erhältlich ist.

Von April bis Oktober startet jeweils freitags um 21 Uhr am Georgplatz (Bürokomplex gegenüber dem Rathaus) das Dresdner **Nachtskaten** mit mehreren hundert Teilnehmern. Auf verschiedenen, insgesamt rund 20 km langen Touren geht es durch das Stadtgebiet (www.nachtskaten-dresden.de).

Im und auf dem Wasser

Dresden besitzt nur wenige **Schwimmhallen**. Das bei Kindern und Jugendlichen beliebte Georg-Arnhold-Bad am Hygiene Museum ist zentral gelegen (Hauptallee 2, Mo, Mi, Fr 10–22, Di 9–22, Do 12–22, Sa, So 8–22 Uhr, Tel. 494 22 03). Schwimmer bevorzugen das 50-m-Becken der Schwimmhalle am Freiberger Platz, 5 Min. vom Zwinger entfernt (Freiberger Platz 1 a, Tel. 488 16 90, Mo–Fr 10.30–13 Uhr, Do, Fr auch 19–22 Uhr, Sa, So 13–18 Uhr). Die Neustadt besitzt mit dem Nordbad ein hübsches **Schwimmbad aus der Zeit um 1900** mit einem modernen Saunabereich (Louisenstr. 48, Tel. 803 23 60, Mo–Fr 14–21 Uhr, Sa, So 10–19 Uhr, Sauna länger). Echt gut!

Im Sommer kann man sich in mehreren **Badeseen** abkühlen. Das Strandbad Wostra im Südosten Dresdens besteht aus einem FKK-Seestrand und einem Freibad (Wilhelm-Weitling-Str. 39, Tel. 201 32 38). In Richtung Meißen kann man im Stausee von Cossebaude baden. Das wohl beste Seewasser besitzt der Badesee in Birkwitz hinter Pillnitz.

(www.badesee-birkwitz.de). In Leuben sind die **Wasserskianlage** und die Strandbar sehr beliebt (Klengelstr. 4, www.wasserski-dresden.de).

Bootsvereine bieten **Kanu- oder Rudertouren** auf der Elbe an, z. B. der Kanuverein Laubegast (Tel. 252 56 13, www.kanuverein-laubegast.de) oder der Wassersportverein Am Blauen Wunder (Tel. 265 57 09, www.wsv-dresden.de). Beim Verein Kanusport Dresden können Kleingruppen Drachenboote anmieten (Tel. 310 89 19, www.verein-kanusport-dresden.de). In Wehlen bietet Spaßtours Kajak-, Kanadier- oder Schlauchbootfahrten mit Rücktransport flussaufwärts an (Tel. 03 50 24/710 84, www.elbe-erleben.de). Auf Motorbootfahrten hat sich Elbe Taxi spezialisiert (Tel. 417 24 24 40, www.elbe-taxi.de), Floßtouren organisiert Roman Kreisel (Tel. 01 79/464 61 05, www.flossexpedition.de).

Für Jogger

Jogger finden in Dresden ideale Bedingungen: Von fast allen Hotels ist man schnell abseits der großen Straßen in der Natur. Eine beliebte Route führt beidseitig der Elbe entlang des Elbradwegs. Man überquert dabei die Marienbrücke und je nach Kondition die Albertbrücke (Rundweg ca. 5 km) oder das Blaue Wunder (ca. 10 km). Auch im Großen Garten oder in der Dresdner Heide kann man seine Runden drehen.

Unterkunft

Dresden verfügt mit mehr als 17 000 Betten über ein gutes Angebot an Hotels der oberen und mittleren Preisklasse. Bei der Suche hilft u. a. die Dresden Tourismus GmbH, deren Gastgeberverzeichnis auch Ferienwohnungen und Privatquartiere vorstellt (www.dresden.de/tourismus).

Luxuriöse Hotelklassiker

■ **Hilton Dresden**
An der Frauenkirche 5
Tel. 864 20][www.hilton.com
Das zwischen Frauenkirche und Brühlscher Terrasse gelegene Hotel bietet zehn Restaurants und Bars sowie einen großen Fitnessbereich. ●●●

■ **The Westin Bellevue**
Große Meißner Str. 15][Tel. 80 50
www.westin.com/bellevue
Dresdens erstes Luxushotel gab es bereits zu DDR-Zeiten. Der Blick ist, selbst vom Wellnessbereich, grandios. Im barocken Altbau gibt es ein feines Gourmetrestaurant. ●●●

■ **Maritim Hotel Dresden**
Devrientstr. 10–12][Tel. 21 60
www.maritim.de
Das Kongresshotel im ehemaligen Erlweinspeicher bietet große Zimmer, die Hälfte davon mit Blick auf Elbe und Japanisches Palais. ●●●

■ **Steigenberger Hotel De Saxe**
Neumarkt 9][Tel. 438 60
www.steigenberger.de

Modernes Vier-Sterne-Haus hinter historisch nachgebauten Fassaden. ●●●

■ **QF Hotel**

Neumarkt 1][Tel. 563 30 90
www.qf-hotel.de
Lorenzo Bellini gestaltete die großzügigen modernen Zimmer hinter barocken Fassaden. ●●●

■ **Radisson Blu Gewandhaus Hotel**

Ringstr. 1][Tel. 4 94 90
www.radisson.com
Stilvolles Boutique-Hotel im Barockpalais neben dem Rathaus. ●●●

Etwas ganz Besonderes

■ **Radisson Blu Park Hotel & Conference Centre**

Nizzastr. 55][Radebeul
Tel. 832 10][www.radisson.com
Ferienresort mit modernem Kunst-Ambiente. Die Lage inmitten von Weinbergen und die große Wellness-Landschaft verführen zum Bleiben. ●●●

■ **Innside by Meliá**

Salzgasse 4][Tel. 79 51 50
www.innside.de
Modernes Design in großzügigen Zimmern und Skybar mit Blick auf die Kuppel der Frauenkirche. Im Haus befindet sich auch das Gourmetrestaurant Ven. ●●●

■ **art'otel**

Ostra-Allee 33][Tel. 492 20
www.artotel.de
Die Designerzimmer zieren Werke des Dresdner Malers und Bildhauers A. R. Penck › S. 54. ●●●

■ **Schlosshotel Pillnitz**

August-Böckstiegel-Str. 10
Tel. 261 40
www.schlosshotel-pillnitz.de
Direkt am Schloss mit exquisiter Küche. Wenn die Reisebusse abends abgefahren sind: Romantik pur. ●●●

Luxus im Grünen: das Westin Bellevue

Gehobene Mittelklasse

■ **Hotel am Terrassenufer**

Terrassenufer 12][Tel. 440 95 00
www.hotel-terrassenufer.de
Komfort eines Firstclass-Hotels im umgebauten Plattenbau an der Elbe, Nichtraucherhaus mit wunderbarer Aussicht. ●●●

■ **Hotel Klosterhof**

Altleubnitz 12][Tel. 32 01 65 00
www.dresden-klosterhof.de
Historisches Gebäude in romantischer Lage am südöstlichen Stadtrand; familiäre Atmosphäre ●●

■ **ibis-Hotels Königstein/Lilienstein/Bastei**

Prager Str.][Tel. 48 56 20 00
www.ibishotel.com
Drei moderne Häuser nahe dem Hauptbahnhof in der Fußgängerzone. Zweckmäßige Zimmer mit Klimaanlage. ●●

■ **Hotel Martha Hospiz**

Nieritzstr. 11][Tel. 817 60
www.martha-hospiz.de

Echt gut!

Die schönsten Hotels

■ **Taschenbergpalais Kempinski**
Taschenberg 3][Tel. 491 20
www.kempinski-dresden.de
Hier haben bereits Barack Obama, Angela Merkel, Vladimir Putin, Elton John und Robbie Williams genächtigt. Dresdens edelste Hoteladresse gibt sich weltläufig hinter der wiederhergestellten Barockfassade des Taschenbergpalais. ●●●

■ **Bülow Residenz**
Rähnitzgasse 19][Tel. 800 30
www.buelow-hotels.de
Hotel im eleganten Barockbau nahe der Dreikönigskirche. Die 30 romantischen Zimmer sind mit Dresdner Porzellan ausgestattet. Gäste können den Wellnessbereich im benachbarten Bülow Palais nutzen. ●●●

■ **Suitess Hotel Dresden**
An der Frauenkirche][Tel. 41 72 70
www.suitess-hotel.com
Das Hotel belegt die oberen Etagen eines wieder aufgebauten Ensembles aus barocken Bürgerhäusern mit eleganten Suiten im Biedermeier-Stil. Spektakulär ist der Blick von der Wellness-Terrasse zur Kuppel der Frauenkirche und über die Dächer und Türme der Altstadt. ●●●

■ **Villa Sorgenfrei**
Augustusweg 48][Radebeul
Tel. 795 66 60
www.hotel-villa-sorgenfrei.de
Das Hotel liegt reizvoll unterhalb der Radebeuler Weinberge, umgeben von hohen Bäumen und großbürgerlichen Villen. Die Villa und der französische Park wurden mit viel Liebe restauriert. Die Zimmer sind im Stil des späten 18. Jhs. gestaltet. ●●●

Zentrumsnah, 50 modern ausgestattete Zimmer, teils im Biedermeierstil eingerichtet. ●●

Etwas preiswerter

■ **Hotel am Bonhoefferplatz**
Bonhoefferplatz 13][Tel. 42 09 90
www.hotelbonhoefferplatz.de
Restaurierte Stadtvilla in ruhiger Lage im zentrumsnahen Gründerzeitviertel Löbtau. ●●

■ **Das Nichtraucherhotel Privat**
Forststr. 22][Tel. 81 17 70
www.das-nichtraucher-hotel.de
Familiäres Hotel mit 30 angenehmen Zimmern im Villenviertel am Rande der Dresdner Neustadt. ●●

■ **Alttolkewitzer Hof**
Alttolkewitz 7][Tel. 251 04 31
www.alttolkewitzer-hof.de
Moderne Zimmer in historischem Gebäude, familiär geführt mit Garten; am Elberadweg. ●–●●

■ **City-Herberge**
Lingner Allee 3][Tel. 485 99 00
www.city-herberge.de
Zentrumsnah; guter Standard in Räumen eines umgebauten DDR-Verwaltungsgebäudes. ●

Pensionen

■ **Pension Am Zwinger**
Ostra-Allee 27
Tel. 89 90 01 00
www.pension-zwinger.de
Funktional eingerichtete Appartements (60–120 m^2) mit Kochzeile in zentraler Lage, leise und hübsch. ●●

■ **Pension Altbriesnitz**
Alte Meißner Landstr. 26
Tel. 42 39 00][www.altbriesnitz.de
Liebevoll restaurierter Dreiseithof 4 km westlich des Zentrums. Zimmer mit Bad oder Dusche/WC. ●

Barocke Pracht: das Taschenbergpalais Kempinski

Günstige Alternativen

■ **Jugendgästehaus Dresden**
Maternistr. 22][Tel. 49 26 20
www.jugendherberge.de
Zentral gelegener Plattenbau. ●–●●

■ **Kangaroo Stop**
Erna-Berger-Str. 8–10][Tel. 314 34 55
www.kangaroo-stop.de
Charmantes Hostel in der Äußeren Neustadt mit Garten, in dem im Sommer Grillpartys stattfinden. Auch Einzel-/Doppelzimmer und Familienzimmer. ●

■ **Herbergsschiff Die Koje**
Leipziger Str. 15][Tel. 840 09 81
www.diekoje.de
Der umgebaute Elbdampfer ist im einstigen Hafen stationiert. ●

■ **Jugendherberge Rudi Arndt**
Hübnerstr. 11][Tel. 471 06 67
www.jh-rudiarndt.de
77 Betten, eigener Grillplatz. ●

■ **Mezcalero**
Königsbrücker Str. 64
Tel. 81 07 70][www.mezcalero.de
Wohnen im mexikanischen Stil mitten in der Neustadt. ●

■ **Mondpalast**
Louisenstr. 77][Tel. 563 40 50
www.mondpalast.de
Hostel mit internationalem Flair zwischen Kneipen und Galerien. ●

■ **Hostel Lollis Homestay**
Görlitzer Str. 34][Tel. 810 84 58
www.lollishome.de
Hilfe, ein Trabi im Zimmer! Schräges Hostel im Szeneviertel. ●

Ferienwohnungen

■ **City Dresden**
Louisenstr. 11
Mobiltel. 01 79/522 82 14
www.city-dresden.de
Drei liebevoll ausgestattete Ferienwohnungen mit idyllischem Stadtgarten mitten im Szeneviertel. ●-●●

■ **Feinwohnen**
Helfenberger Grund 8][Niederpoyritz
Tel. 264 31 10
www.feinwohnen-dresden.de
Zehn Ferienwohnungen und Lofts mit Designermöbeln in einem feinfühlig umgebauten, historischen Industriekomplex. ●–●●

Essen und Trinken

Dresden erfreut sich – auch dank der Nähe zu Böhmen – einer hervorragenden regionalen Küche. Moritzburger Schweinsröllchen, Lausitzer Kümmelbraten auf Schmorkohl oder Dresdner Sauerbraten in Rosinensoße mit Apfelrotkohl – die Namen deftiger Gerichte lassen Genießerherzen höher schlagen. Beliebt ist auch Fisch, v.a. Karpfen aus sächsischen Teichen, zu dem ein trockener Elbtalwein ideal passt.

Wer es noch rustikaler liebt, bestellt Schlachtplatte, Sülze, Hackepeter und Grützwurst (Blutwurst mit Getreidegrütze). Nicht zu vergessen ist die sächsische Kartoffelsuppe mit gebräunten Speckwürfeln, Majoran, Zwiebeln, Möhren und Kamenzer Würstchen. Dazu schmeckt ein frisches Bier, etwa ein Radeberger oder Freiberger Pilsener oder das in Sachsen beliebte Schwarzbier aus Eibau in der Oberlausitz.

Stefan Herrmann vom »bean & beluga« ist ein Kochstar mit Stern

Zum Kaffee, immer noch eine Art sächsisches Nationalgetränk, isst man Streuselkuchen, Zuckerkuchen oder die für Dresden typische Eierschecke (nicht -schnecke!), ein Quarkkuchen mit Rosinen und einer Decke aus Pudding, Eiern, Butter und Zucker. Was ein Dresdner Christstollen ist, muss man dagegen niemandem mehr erklären; hier gekauft schmeckt er trotzdem noch immer am besten.

Gourmet

■ Kastenmeiers

Tzschirnerplatz 3–5][Tel. 48 48 48 01
www.kastenmeiers.de

Gerd Kastenmeier serviert Fischgerichte und leichte Küche im einzigartigen Rokoko-Ambiente des Kurländer Palais. ●●●

■ Kahnaletto

Terrassenufer/Augustusbrücke
Tel. 495 30 37][www.kahnaletto.de

Exzellenter Italiener auf dem Theaterkahn unterhalb des Italienischen Dörfchens. Meeresfrüchte und Fisch, täglich wechselnde Speisekarte. ●●●

■ Romantikhotel Restaurant Pattis

Merbitzer Str. 53][Tel. 425 50
www.pattis.net

Im Sommer sitzt man auf der romantischen Terrasse der historischen Mühle mit Blick in den Zschonergrund. ●●

Sächsisch deftig

Anno Domini
Klotzscher Hauptstr. 27
Tel. 880 45 70][www.annodomini.de
Gerichte nach original mittelalterlichen Rezepturen am offenen Kamin, freitags und samstags sogar umrahmt von musikalischen Gaukeleien (Mo–Sa 17 bis 23, So 11–23 Uhr). ●●

Ballhaus Watzke
Kötzschenbroder Str. 1
Tel. 85 29 20][www.watzke.de
Der ehemalige Tanzsaal mit Bühne und Essenstheke besticht nach stilvoller Restaurierung durch sein schönes Ambiente. Lecker: das naturtrübe Bier aus der Hausbrauerei. Im Sommer ist der Biergarten mit Blick auf die Elbe eine beliebte Adresse. ●●

Carolaschlösschen
Querallee 7][Tel. 250 60 00
www.carolaschloesschen.de
Im Großen Garten, Sommerterrasse am romantischen Carolasee. ●●

Der Löwe
Hauptstr. 48][Tel. 804 11 38
www.derloewe.de
Sächsische und bulgarische Küche; das künstlerische Ambiente stammt aus DDR-Zeiten. ●●

Fischhaus Dresden
Fischhausstr. 14][Tel. 89 91 00
www.fischhaus-dresden.de
Gehobene sächsische Küche in einem über 400-jährigem Traditionslokal, romantisch am Waldrand gelegen, schöner Biergarten. ●●

Körnergarten
Friedrich-Wieck-Str. 26][Tel. 268 36 20
www.koernergarten.de
Eine Loschwitzer Institution direkt an der Elbe unweit des Blauen Wunders. Hier kommt viel Fisch und Geflügel auf den Tisch. ●●

Die besten Restaurants

Echt gut!

bean&beluga
Bautzner Landstr. 32
Tel. 44 00 88 00
www.bean-and-beluga.de
Mit einem Michelin-Stern ausgezeichnete Küche im Nobelviertel Weißer Hirsch. Die Räume: schlicht und hell. Das Ambiente: ungezwungen. Das Essen: großartig. ●●●

Alte Meister
Theaterplatz 1a
Tel. 481 04 26
www.altemeister.net
Tagsüber ein elegantes Café mit erschwinglicher Gourmetkarte, abends ein gehobenes Restaurant für Genießer. Mediterrane und internationale Küche, umfangreiche Weinkarte. ●●●

Restaurant Villandry
Jordanstr. 8][Tel. 899 67 24
www.villandry.de
Das schnörkellose Restaurant in einer ruhigen Seitenstraße der Neustadt ist bekannt für seine kreative Frischeküche (tgl. außer So). ●●

Luisenhof
Bergbahnstr. 8
Tel. 214 99 60
www.luisenhof.org
Den Balkon Dresdens nennt man den Luisenhof wegen der einzigartigen Aussicht. Gute sächsische Küche und eine üppige Kuchenauswahl. ●●●

Caroussel
Königstr. 14][Tel. 800 30
www.buelow-palais.de
Das Edel-Restaurant des Hotels »Bülow Palais«, mit Michelin-Stern ausgezeichnet, ist die feinste Adresse im Zentrum. ●●●

Pulverturm

An der Frauenkirche 12 a
Tel. 26 26 00
www.pulverturm-dresden.de
Romantik und regionale Küche im historischen Flair des Coselpalais-Kellers. ●●

Sophienkeller

Taschenberg 3][Tel. 49 72 60
www.sophienkeller-dresden.de
Manchmal schaut August der Starke höchstpersönlich in diesem Erlebnisrestaurant vorbei. ●●

Sächsisch Böhmisches Bierhaus

Altmarktkeller][Altmarkt 4
Tel. 481 81 30][www.altmarktkeller.de
Gemütlicher großer Bierkeller mit deftigen Speisen. Freitags sorgt eine Blaskapelle für Stimmung. ●●

Radeberger Spezialausschank

Terrassenufer 1][Tel. 484 86 60
www.radeberger-pilsner.de
Das Lokal mit dem durch viele Werbespots bekannten Bier in prominentester Lage direkt an der Brühlschen Terrasse. ●

Kneipen

Raskolnikoff

Böhmische Str. 34][Tel. 804 57 06
www.raskolnikoff.de
Der Sandboden im Gastraum ist das Markenzeichen des Raskolnikoff. Heute serviert die Szenekneipe der ersten Stunde Frischeküche; Wodka gibt's heute wie damals auch im schönen Innenhof. ●●

Bautzener Tor

Hoyerswerdaer Str. 37
Tel. 803 82 02][www.bautznertor.de
Neustadt Hell, Lenins Hanf oder Elbhang Rot heißen die Biersorten der kleinen, urtümlichen Neustädter Hausbrauerei. ●

Gerücht

Altlaubegast 5][Tel. 251 34 25
www.zum-geruecht.de
Kleine rustikale Laubegaster Schankwirtschaft mit herzhaften Speisen und im Haus gebrauten Laubegaster Bier in einem alten Gemäuer nahe der Elbe. ●

Oma

Cossebauder Str. 15][Tel. 422 20 66
www.oma-opa.de
Essen wie bei Großmutter – auf dem Sofa in der guten Stube. Im Stadtteil Cotta. ●

Ostpol

Königsbrücker Str. 47
www.ostpol-dresden.de
Dunkelbraune Sofas und Essmöbel vor beigefarbener Tapete – so sah die DDR aus. **Dresdens einzige HO-Gaststätte** ist Treff für Ostalgiker und Heimatmuseum für die Neustädter Szene (Di–So ab 19 Uhr). ●

Echt gut

Planwirtschaft

Louisenstr. 20
Tel. 801 31 87
www.planwirtschaft.de
Gemütliche Bierkneipe, ausgestattet mit Haushaltsgegenständen aus DDR-Zeiten. Deftige Küche. ●

Cafés

Café Blumenau

Louisenstr. 67][Tel. 802 65 02
www.cafe-blumenau.de
Sehen und gesehen werden heißt es in diesem modernen Café, vor dem das Neustadt-Leben wie auf einer Theaterbühne vorbeizieht. ●●

Bellini's Tagesbar

Töpfergasse 6][Tel. 01 72/277 54 45
www.q-f.info
Dresdens schönstes Stehcafé mit Deckengemälden und Putten in der QF Passage. Hier trinkt man cremigen

Biergenuss mit Elbblick bietet der Radeberger Spezialausschank

Cappuccino und genießt dazu italienische Leckereien. ●●

■ **Phoenix Coffeeroasters**

Bautzner Str. 75][Tel. 656 86 99

www.phoenix-coffeeroasters.com

Echt gut!

Neben Pfund's Molkerei betreibt Lars Uhlig **Dresdens erste Kaffeerösterei.** In seinem Geschäft kann man alle Bohnenspezialitäten auch probieren. Der Cappuccino ist sicherlich der beste der Stadt. ●●

■ **Konditorei Kreutzkamm**

Altmarkt 25][Tel. 495 41 72

www.kreutzkamm.de

Früher als königlich-sächsischer Hoflieferant am Altmarkt ansässig. Spezialitäten sind Baumkuchen und Christstollen. ●●

■ **Café Toskana**

Schillerplatz 7][Tel. 310 07 44

Im Jahr 1906 eröffnet, trägt dieses Blasewitzer Traditionscafé den Namen der skandalträchtigen Großherzogin Luise von Toskana. Eine köstliche Kalorienbombe unter den vielen hausgemachten Kuchenspezialitäten ist die Toskana-Torte. ●

Biergärten und Stadtstrände

■ **Puro Beach**

Leipziger Str. 15 b

Tel. 795 29 02][www.puro.de

Echt gut!

Im Sommer die **Chill-out Location** Dresdens. Mixtur aus karibischem Flair mit thailändischen Elementen. Ein Pool und Massageangebote sorgen für zusätzliche Entspannung. Im Winter kann man im angeschlossenen Pier15 tanzen. ●●

■ **Schillergarten**

Schillerplatz 9][Tel. 811 99 22

www.schillergarten.de

Hier ließ sich schon der berühmte Dichter sein Bier schmecken. Vom Gasthaus und dem großen Biergarten aus hat man einen herrlichen Blick auf Elbe, Blaues Wunder und die Loschwitzer Hänge. ●●

■ **Fährgarten**
Käthe-Kollwitz-Ufer 23b
Tel. 459 62 62][www.faehrgarten.de
Uriger Biergarten direkt am Fähranleger Neustadt Johannstadt mit herrlichem Blick auf die Elbe. Vom historischen Zentrum gut zu Fuß oder per Fahrrad auf dem Elberadweg erreichbar. Kinderspielplatz gegenüber. ●

Shopping

Die Elbestadt wird in puncto Shopping immer attraktiver. Erste Adressen sind die Prager Straße mit der **Centrum-Galerie,** die **Altmarktgalerie** mit über 200 Geschäften oder die Wilsdruffer Straße. Unter den Einkaufspassagen ist das **QF** am Neumarkt die exklusivste: Neben dem erzgebirgischen Weihnachtsladen Stracoland oder dem Silberwarengeschäft Argentum ist hier auch der renommierte Glashütter Hersteller von Luxusuhren Lange & Söhne mit seinem einzigen Firmenverkauf in Deutschland vertreten.

Wer das Besondere sucht, wird in der Neustadt fündig: in interessanten Läden in der Hauptstraße, anspruchsvollen in der Königstraße und schrillen um die Alaun- und Görlitzer Straße.

Typische Mitbringsel sind erzgebirgische Schnitzereien, Plauener Spitzen, Wein aus dem Elbtal, Pulsnitzer Pfefferkuchen, Dresdner Christstollen sowie Dresdner und Meissener Porzellan. Die Geschäfte der Altstadt schließen

Ein Shoppingerlebnis verspricht die Altmarktgalerie

meist zwischen 20 und 21 Uhr, in der Neustadt um 19 oder 20 Uhr. Sonntags sind nur wenige Läden rund um den Neumarkt sowie in den beiden großen Bahnhöfen geöffnet.

Antiquitäten

■ Antiquitäten am Goldenen Reiter

Hauptstr. 17/19][Tel. 803 07 40

Maritta Schuster verkauft historisches Meißener Porzellan, Glas, altes Spielzeug und Leinen.

■ Kunsthandlung Kühne

Plattleite 68][Weißer Hirsch
Tel. 267 90 64
www.kunsthandlung-kuehne.de

Kunst aus Dresden und anderswo von Barock bis zur Gegenwart.

■ Trödelmarkt

am Elbufer unterhalb des Sachsenplatzes

cht gut!

Beliebter **Flohmarkt,** weil man hier, neben hochwertigen Antiquitäten auch noch den echten Trödel privater Verkäufer durchstöbern kann (Mai–Okt. Sa 8–14 Uhr, auch jeden 3. So 10–18 Uhr, Straßenbahn 6, 13: Sachsenallee).

Bücher

■ Thalia

Dr.-Külz-Ring 12][Tel. 49 73 60
www.thalia.de

Das größte Buchhaus in Dresden.

■ Leselust

Louisenstr. 24][Tel. 404 50 46
www.leselust-dresden.de

Hier gibt es u. a. erotische Literatur und Fotografien.

■ Dresdner Antiquariat

Wilsdruffer Str. 14][Tel. 490 45 83

Eines der größten deutschen Ladenantiquariate mit Büchern, Musikalien, Kunstgrafik.

Meissener Porzellanfiguren sind ein exklusives Souvenir

Mode

■ Gabriele Häfner

An der Dreikönigskirche 10
Tel. 802 42 41
www.gabriele-haefner.de

Exklusive Damenmode.

■ Prüssing & Köll

Heinrichstr. 5][Tel. 810 46 46

Herrenausstatter mit Maßanfertigungs-Service.

■ The Spot

Alaunstr. 29][Tel. 01 62/268 41 99
www.ruttloff-garments.com

Hier kann man die vom jungen Dresdner Designer Johann Ruttloff gefertigten Jeans kaufen.

Kunst und Kunstgewerbe

■ Galerie Sybille Nütt

Obergraben 10][Tel. 252 95 93
www.galerie-sybille-nuett.de

Kunst des 20. Jhs.: Hier laufen die Fäden des Kunstquartiers Dresden zusammen (www.kunstindresden.de).

Meissener Porzellanensemble als Spiegel der Zeit (spätes Rokoko)

■ **Keramik am Körnerplatz**

Friedrich-Wieck-Str. 7][Tel. 267 91 78
www.keramik-am-koernerplatz.de
Keramik aus Dresdner Werkstätten und der ganzen Welt (Mo geschl.).

■ **Keramik Katharina Gnauck**

Rothenburger Str. 38][Tel. 801 34 81
Goldene Krönchen auf Kannen, Töpfchen und Deckeln sind ihr Markenzeichen (Di–Fr 11–18 Uhr).

Porzellan

■ **Meissener Porzellan am Fürstenzug**

An der Frauenkirche 5][Tel. 864 29 64
Das berühmte Porzellan. Sonderangebote gibts gegenüber im Meissen Outlet (Kellergeschoss QF-Passage).

■ **Sächsische Porzellanmanufaktur Dresden**

An der Frauenkirche 20][Tel. 482 46 43
www.dresdner-porzellan.de
Verkauf des in Freital hergestellten Porzellans. Auch ein Besuch der Manufaktur lohnt, da man hier nicht wie in Meißen durch Schauwerkstätten, sondern die echte Produktion geführt wird (Carl-Thieme-Str. 16, Freital, S-Bahn Potschappel, Mo, Fr 11 und 14 Uhr).

Musik

■ **Zentralohrgan**

Louisenstr. 22][Tel. 801 00 75
www.zentralohrgan.de
Plattenladen mit guter Secondhand- und Ostrock-Abteilung.

■ **Opus 61**

Wallstr. 17–19][www.opusweb.de
Beste Auswahl an Klassik und Jazz.

Schmuck

■ **Navajo**

Rothenburger Str. 43][Tel. 804 59 38
www.navajo-schmuck.de
Eigene Stücke und Silberschmuck aus aller Welt.

■ **Juwelier Leicht**

Sophienstraße (im Taschenbergpalais) und An der Frauenkirche 3
Tel. 490 05 88
www.leicht-jewellery.com
Hochwertiger Markenschmuck und Repliken aus dem Grünen Gewölbe.

Schnaps und Wein

■ **Erste Dresdner Spezialitätenbrennerei Augustus Rex**

Klotzscher Hauptstr. 24
Tel. 880 89 89
www.augustus-rex.com
Destillate aus seltenen Obstsorten (Fr 10–18, Sa 10–14 Uhr o. n. Vereinb.).

■ **Sächsische Vinothek an der Frauenkirche**

Salzgasse 2][Tel. 484 52 00
www.saechsische-vinothek.de
Die wohl beste Auswahl an sächsischen Weinen in Dresden.

Am Abend

Dresden hat in puncto Kultur, Nachtleben und Kneipen manches zu bieten. In den Straßen der äußeren Neustadt herrscht um 1 Uhr nachts ebenso viel Betrieb wie am Samstagvormittag auf dem Altmarkt. Vor 3 Uhr schließt hier kaum eine Kneipe, eine Sperrstunde gibt es nicht.

Hinzu kommt ein vielfältiges kulturelles Angebot. Wer keine Karten für die Semperoper reserviert hat, kann sein Glück noch an der Abendkasse versuchen – oder einen Blick auf den Spielplan der vielen Theater, Kabaretts und Kleinkunstbühnen werfen, die selten ausgebucht sind.

Im Sommer finden die »Filmnächte am Elbufer« statt (auch mit Popkonzerten). Klassikfreunde können sich auf die stimmungsvollen Serenadenabende im Zwinger freuen › S. 62.

Kartenservice

In Dresden gibt es zahlreiche Vorverkaufskassen, u. a. am Kulturpalast, in den Treffpunkten der Sächsischen Zeitung in der Altmarktgalerie oder Ostra-Allee 20.

Musiktheater und Konzerte

■ Dresdner Philharmonie

verschiedene Spielstätten
Tel. 486 68 66
www.dresdnerphilharmonie.de
In der Regel Sa, So Konzerte des aus rund 120 Musikern bestehenden Orchesters.

■ Frauenkirche

Neumarkt][Tel. 65 60 67 01
www.frauenkirche-dresden.de
Sa 20 Uhr, So (14-tägig) 15 Uhr. Konzerte mit Chor, Solisten und/oder Orchester. Mi und Fr 20 Uhr Orgelkonzerte (unregelmäßig)

■ Landesbühne Sachsen

Meissner Landstr. 152][Radebeul
Tel. 03 51/895 42 14
www.dresden-theater.de
Oper, Operette, Musical, Ballett, Konzert und Schauspiel vor Dresdens Toren. Mai–Sept. auch open air u.a. im Zwinger und auf der grandiosen Felsenbühne Rathen.

■ Sächsische Staatsoper

Theaterplatz 2][Tel. 491 17 05
www.semperoper.de
Eines der bekanntesten Opernhäuser der Welt. Ballettdirektor Aaron Watkins gibt seiner Sparte seit 2006 modernes Gepräge. Außerdem Liederabende und Konzerte der Staatskapelle.

Überwältigend: die Semperoper

■ **Staatsoperette**
Pirnaer Landstr. 131][Tel. 207 99 29
www.staatsoperette-dresden.de
Operetten-Evergreens, heitere Oper und moderne Musicals.

Theater und Kabarett

■ **Breschke & Schuch**
Wettiner Platz 10][Tel. 490 40 09
www.kabarett-breschke-schuch.de
Die beiden Kabarettisten stehen für geistvolle, witzige Unterhaltung.

■ **Carte Blanche/Zoras Welt**
Prießnitzstr. 10][Tel. 20 47 20
www.carte-blanche-dresden.de
Im Travestie-Revue-Theater präsentieren sich die Schönen der Nacht in umwerfendem Glamour; auch Gastronomie (Mi–So).

■ **Festspielhaus Hellerau**
Karl-Liebknecht-Str. 56
Tel. 862 73 90][www.hellerau.org
Zeitgenössische Musik und moderner Tanz der Company von William Forsythe oder Derevo.

Im Carte Blanche ist nichts, wie es scheint

■ **Die Herkuleskeule**
Sternplatz 1][Tel. 492 55 55
www.herkuleskeule.de
Bekanntes politisch-satirisches Kabarett (Vorverkauf: Mo–Fr 13.30–18 Uhr).

■ **Kleines Haus**
Glacisstr. 28][Tel. 491 35 55
Avantgardistische Spielstätte des Staatsschauspiels.

■ **Comödie**
Freiberger Str. 39 (World Trade Center)
Tel. 86 64 10
www.comoedie-dresden.de
Das Erfolgsrezept dieses Privattheaters: Man nehme heitere Stücke und besetze sie mit lokalen Publikumslieblingen – schon ist das Haus voll.

■ **Dresdner Comedy & Theater Club**
Sekundogarnitur, Italienisches Dörfchen][Tel. 464 48 77
www.comedytheaterclub-dresden.de
Kabarett und Dinnershows in schönem Ambiente.

■ **projekttheater dresden**
Louisenstr. 47][Tel. 810 76 00
www.projekttheater.de
Off-Theater in der Neustadt mit spannenden und provokanten Inszenierungen.

■ **Societätstheater**
An der Dreikönigskirche 1 a
Tel. 803 68 10
www.societaetstheater.de
Gastspiele aller Art in schönem Ambiente.

■ **Staatsschauspiel**
Theaterstr. 2
Tel. 491 35 55 (Abendkasse)
Tel. 08 00/491 35 00 (Information)
www.staatsschauspiel-dresden.de

Special

Feiern ohne Ende

Wie überall wechselt die Partygemeinde auch in Dresden ihre Lieblingstreffs häufig. Einige Clubs haben seit Jahren ein treues Publikum. Was wo los ist, erfährt man in den Stadtmagazinen Sax, Blitz, Fritz und Dresdner oder unter www.dresden-nightlife.de

Der **Blaue Salon** im altehrwürdigen Parkhotel Weißer Hirsch beherbergt auch die kultige Kakadu-Bar. Nicht weit entfernt, in den Gewölben der ehemaligen Waldschlösschenbrauerei treffen sich im **Arteum** die Schönen der Stadt bei Latin-House-Musik. Und auch im Kult-Studentenclub **Bärenzwinger** im alten Gewölbe unter der Brühlschen Terrasse stehen regelmäßig Partys auf dem Programm. Fast nebenan, in den Kellergewölben des Kurländer Palais, öffnet freitags der NERO Club. Von hier sind es nur wenige Schritte zum **m.5**. Im Kellergeschoss des Hilton Hotels fühlt sich bei Soul und Black Music die mittlere Generation wohl, ebenso im **Blue** neben der Altmarktgalerie. Im Haus Altmarkt mischt der **PM Club** House, Black und Clubclassics. Studenten schätzen die **Club Mensa** im Univiertel.

■ **Blauer Salon**
Bautzner Landstr. 7][Tel. 484 87 99
www.blauersalon.com

■ **Arteum**
Am Brauhaus 3][Tel. 459 00 47
www.arteum-dresden.de

■ **Bärenzwinger**
Brühlscher Garten 1][Tel. 79 27 85 27
www.baerenzwinger.de

■ **Club Mensa**
Reichenbachstr. 1
Tel. 462 26 20
www.clubmensa.de

■ **m.5**
Münzgasse 5][Tel. 496 54 91
www.m5nightlife.de

■ **Blue**
Wallstr. 11][Tel. 802 00 66
www.blue-dresden.de

■ **Katy's Garage**
Alaunstr. 48][Tel. 656 77 01
www.katysgarage.de

■ **Downtown Dresden**
Katharinenstr. 11–13][Tel. 811 55 92
www.downtown-dresden.de

■ **Rosis Amüsierlokal**
Eschenstr. 11][Tel. 500 53 05
www.rosis-dresden.de

Work hard, party harder

Straße E heißt der Szenetreff auf dem Industriegelände in der Werner-Hartmann-Straße, ein Kulminationspunkt Dresdner Partykultur: Hier finden Konzerte und Partys verschiedener Stilrichtungen statt. Weitere Clubs im Industriegelände sind das **Fahrenheit 100**, das Funk- und Hiphopsounds bietet, und der **Washroom**, in dem freitags zu Elektro, House und Black Music getanzt wird.

■ **Straße E**
www.strasse-e.de

■ **Fahrenheit 100**
www.fahrenheit100.com

■ **Washroom**
Tel 459 00 47][www.washroom.de

Unter freiem Himmel

Wenn im Sommer alles an die frische Luft strömt, sind die Partymacher an den schönsten Plätzen. Im Biergarten **Elbsegler** des Hotels Bellevue › S. 22 chillt man am Donnerstagabend mit herrlichem Blick auf die Türme der Altstadt bei Downbeats im Liegestuhl oder im Whirlpool. Tagsüber auf weißen Liegen am Pool entspannen und abends feiern kann man am durchgestylten **Purobeach** › S. 29; natürlicher gibt sich der **City-Beach** im karibischen Stil nebenan (www.citybeachdresden.de).

Große Party-Events

Anfang Mai feiern über 20 Clubs und Lokale die **Kneipennacht Dresdner Neustadt** (www.dd-inside.de). Im Juni dröhnen zur **Bunten Republik** Techno-Klänge und Karibik-Rhythmen durch die Neustadt – tagsüber familiäres Straßenfest, abends Megaparty (www.bunte-republik-neustadt.net). Schloss Albrechtsberg wird im Juni zur **Sommerarena** mit Disko auf der Wasserbühne und Großfeuerwerk über der Elbe (www.sommerarena.de).

Die großen Klassiker im festlichen Jugendstilsaal.

■ Theaterkahn

Terrassenufer an der Augustusbrücke
Tel. 496 94 50
www.theaterkahn-dresden.de

Das erste Privattheater Sachsens besteht seit 1989 und präsentiert Kabarett, Musik und Literatur (Karten: Mo–Fr 11 bis 18 Uhr).

■ Trocadero Sarrasani

Straßburger Platz][Tel. 646 50 56
www.sarrasani.de

André Sarrasani bietet Dompteurnummern, Varieté und Stars (Okt–Febr.).

■ Wechselbad

Maternistr. 17][Tel. 796 11 55
www.theater-wechselbad.de

Von Comedy bis Rockoper reicht die Bandbreite des familiären Theaters. Auch die Mimenbühne von Ralf Herzog hat hier ihre Heimat gefunden (www.mimenstudio.de).

Bars

■ Blue Note

Görlitzer Str. 2 b][Tel. 801 42 75
www.bluenote-dresden.de

Kneipe der edleren Sorte mit Livemusik (Blues, Jazz, Rock 'n' Roll). Wer Lust hat, darf selbst zum Instrument greifen (tgl. ab 20 Uhr).

■ Jazz Club Neue Tonne

Tel. 802 60 17][Königstr. 15
www.jazzclubtonne.de

Dresdens beste Jazzadresse mit Galerie, Bar und Restaurant (tgl. 17–1 Uhr).

■ Classic American Bar

Am Taschenberg 3][Tel. 491 27 20

Im gediegenen Ambiente des Hotels im Taschenbergpalais werden Drinks gemixt; tgl. 18–20 Uhr Happy Hour.

■ Studio Bar

Görlitzer Str. 1][Tel. 563 64 14

Das Café der Studio Bar

Die Bar mixt ab 19 Uhr **die besten Cocktails der Stadt,** nettes Café eine Etage tiefer (ab 15 Uhr).

Echt gut!

■ Frank's Bar

Alaunstr. 80][Tel. 802 67 27

Eine Institution im Nachtleben.

■ Max 2

Louisenstr. 65][Tel. 563 59 96

Sehen und gesehen werden ist hier alles. Trend-Küche und gute Drinks.

Gay

Dresdens Gay-Szene ist überschaubar und konzentriert sich auf das Kneipenviertel in der Neustadt. Infos zu Kinos, Saunen und Clubs: www.gegenpol.net

■ Boys Bar

Alaunstr. 80][Tel. 563 36 30
www.boys-dresden.de

Angenehme Bar mit kleiner Tanzfläche.

■ Queens

Görlitzer Str. 3][Tel. 803 16 50
www.queens-dresden.de

Schräge Kitsch-Bar, in der sich zwischen Schlager und Techno auch Heteros wohlfühlen können.

Land & Leute

Steckbrief][Geschichte im Überblick][Natur und Umwelt][Kunst und Kultur][Feste und Veranstaltungen

Steckbrief

Dresden

Fläche: 328,3 km², davon 56 % Grün- oder Erholungsflächen
Bevölkerung: 517 000 Einwohner (1999 nur 477 000). Lediglich 4 % sind Ausländer, 20 % religiös und 10,3 % arbeitslos (Juli 2011).
Verwaltung: 10 Ortsämter und vier Ortschaften. Die stärkste Fraktion stellt seit 2004 die CDU, gefolgt von der Linkspartei/PDS. Oberbürgermeisterin ist seit 2008 Helma Orosz (CDU).
Partnerstädte: insgesamt zwölf, darunter Coventry, Wrocław, St. Petersburg, Florenz, Straßburg und Rotterdam. Mit vielen teilt Dresden das Schicksal der Zerstörung.

Attraktive Lage

Dresden ist die Landeshauptstadt des Freistaates Sachsen. Die östlichste deutsche Großstadt liegt geschützt in einem Talkessel an der Elbe. Der Fluss, der sich von Südosten nach Nordwesten 30 km lang in vier weiten Bögen durch das Dresdner Tal windet, wurde hier nie kanalisiert und ist an manchen Stellen bis zu 120 m breit. Seine weitläufigen Uferwiesen sind heute ein Dorado für Spaziergänger und Radler.

Am linken Ufer liegt die Altstadt mit ihrer berühmten Silhouette; rechts – hinter den Häusern der Neustadt – hat die Natur das Wort. Das Dresdner Elbtal vom Ortskern Söbrigen bei Pillnitz bis zum Schloss Übigau stand von 2004 bis 2009 auf der Weltkulturerbeliste der UNESCO. Seine sonnenverwöhnten Hänge bringen seit Jahrhunderten auch gute Weine hervor.

Dresdens Umgebung

Durch ihre reizvolle Umgebung besitzt die Stadt einen hohen Freizeitwert und bietet sich als Ausgangspunkt für Tagesausflüge an: Ein Stück elbeaufwärts streben die bizarren Felsen des Elbsandsteingebirges empor, auch Sächsische Schweiz genannt. Sie laden zum Klettern und Wandern ein. Nur eine gute halbe Autostunde südlich der Stadt erheben sich die

Kuppen des Erzgebirges, u.a. ein beliebtes Wintersportgebiet. Im Südwesten lockt der Tharandter Wald Spaziergänger und vor allem Pilzsucher. Die waldreiche Teichlandschaft von Moritzburg, kurz hinter der nördlichen Stadtgrenze, war einst das Jagdrevier Augusts des Starken.

In Richtung Radeberg erstreckt sich Dresdens größtes Naherholungsgebiet, die Dresdner Heide, ein ausgedehnter Mischwald. Weiter nordöstlich folgen die Ausläufer des Lausitzer Berg- und Hügellandes.

Starke Wirtschaft mit Tradition

Dresden zählt heute zu den wirtschaftlichen »Leuchttürmen« im Osten Deutschlands, blickt aber auch auf eine lange Tradition. Dank des Bergbaus im Erzgebirge, der von den Wettinern mit der Gründung der Bergakademie Freiberg (1765) gefördert wurde, war Sachsen im 19. Jh. die am weitesten entwickelte Industrieregion Deutschlands. 1828 baute der Ingenieur Andreas Schubert mit der »Saxonia« die erste deutsche Dampflokomotive und 1839 fuhr zwischen Dresden und Leipzig auch die erste Fernbahn Deutschlands.

1872 wurde die Dresdner Bank gegründet, die aber schon 1885 nach Berlin zog. Ende des 19. Jhs. wurde der Unternehmer Karl August Lingner mit dem Mundwasser »Odol« reich und bekannt; 1910 gründete er das Sächsische Serumwerk, das noch heute den Pharmastandort Dresden stärkt. Ein weiterer Verkaufsschlager aus dieser Zeit ist die berühmte Reiseschreibmaschine »Erika«. Nach 1945 wurden die meisten Betriebe verstaatlicht und Dresden zum Wissenschafts- und Hightech-Zentrum ausgebaut. Ein Beispiel ist Robotron, das 1988 den ersten Megabit-Computerchip des Ostblocks entwickelte.

Neue Wege

Nach 1989 gingen der Stadt zunächst etwa 75 000 Arbeitsplätze verloren. Die Wende kam nach 1995 mit den Hightech-Fabriken der Chiphersteller Infineon und AMD, die nicht zuletzt dank Investitionen in Milliardenhöhe weitere Zulieferbetriebe nach Dresden lockten. Silicon Saxony nannte man stolz das große Industriegebiet in Dresdens Norden in Anlehnung an das berühmte Silicon Valley in den USA. Doch nicht nur für Chiphersteller ist Dresden ein attraktiver Standort: VW montiert seit 2001 in der Gläsernen Manufaktur seine Luxus-Modelle. Im Stadtteil Hellerau hat das Verlagshaus Gruner & Jahr eine der modernsten Druckereien Europas errichtet. Während die Chipindustrie seit 2008 schwächelt, entwickeln sich andere Bereiche der Nanotechnologie erfreulich. Ein Grund sind die zahlreichen Forschungseinrichtungen, darunter acht Hochschulen, elf Fraunhofer-, fünf Leibnitz- und drei Max-Planck-Institute. Sie stärken auch Dresdens Rolle als wichtiger Kongressstandort.

Geschichte im Überblick

6. Jh. Am Übergang über die Elbe entsteht das slawische Fischerdorf Drezdany (»Sumpfwaldbewohner«).

929 König Heinrich I. lässt in Meißen eine Burg bauen. Von dort wird das Land östlich der Elbe christianisiert.

1089 Die Wettiner erhalten die Markgrafschaft Meißen als Lehen. Die wettinische Herrschaft dauert bis 1918.

1206 Dresden wird erstmals urkundlich erwähnt.

1485 Leipziger Teilung: Die Wettiner teilen ihren Besitz in eine ernestinische und eine albertinische Linie. Herzog Albrecht macht Dresden zu seiner Residenz.

1539 Die Reformation wird in Dresden eingeführt.

1547 Durch den Sieg im Schmalkaldischen Krieg erringt Herzog Moritz, der sich mit den Katholiken unter Kaiser Karl V. verbündet hatte, die Kurwürde. Dresden wird Haupt- und Residenzstadt des Kurfürstentums Sachsen.

1694 Friedrich August I., »August der Starke«, wird Kurfürst von Sachsen. Er betreibt den Ausbau der Kunstsammlungen, die sein Vorgänger, Kurfürst August, angelegt hatte.

1697 August der Starke tritt zum katholischen Glauben über und wird als August II. König von Polen.

1707–1708 Johann F. Böttger und Ehrenfried von Tschirnhaus entwickeln das europäische Hartporzellan.

1756–1763 Im Siebenjährigen Krieg erobert Preußen auch Dresden. Dresden wird zur Hälfte zerstört.

1806 Französische Truppen besetzen die Stadt. Sachsen tritt dem Rheinbund bei und wird Königreich unter dem Protektorat Napoleons.

1813 Völkerschlacht bei Leipzig. Die Franzosen und die mit ihnen verbündeten sächsischen Truppen kapitulieren.

1815 Neuordnung Europas auf dem Wiener Kongress. Sachsen verliert die nördliche Hälfte seines Territoriums an Preußen. Dresden bleibt königliche Residenzstadt.

1828 Die Technische Bildungsanstalt eröffnet; aus ihr geht die Technische Universität hervor.

1839 Erste deutsche Fernbahnlinie zwischen Dresden und Leipzig.

1849 Im Mai kämpfen bewaffnete Aufständische für eine bürgerliche Regierung. Preußische und sächsische Truppen schlagen den Dresdner Maiaufstand nieder.

1901 In Loschwitz geht die erste Bergschwebebahn der Welt in Betrieb.

1918 Der letzte sächsische König, Friedrich August III., dankt in der Novemberrevolution ab.

1920 Dresden wird Hauptstadt des demokratischen Freistaats Sachsen.
1933 Der Dresdner Oberbürgermeister Dr. Wilhelm Külz (SPD) wird von den Nationalsozialisten abgesetzt.
1935 Der Flughafen in Dresden-Klotzsche wird eröffnet.
1938 In der Reichskristallnacht geht Sempers Synagoge in Flammen auf.
1945 Am 13./14. Februar zerstören englische und amerikanische Bomber die Innenstadt. Rund 25 000 Menschen sterben, 12 km² der Stadtfläche liegen in Ruinen.
1952 Das Land Sachsen wird von der DDR-Regierung in drei Bezirke aufgelöst. Dresden wird zur Bezirkshauptstadt herabgestuft.
1955–1985 Am 13. Februar 1955 wird die wieder aufgebaute Kreuzkirche neu geweiht. 1965 ist der Zwinger fertig restauriert. Die Semperoper wird 1985 mit Webers »Freischütz« wiedereröffnet.
1989 In der Nacht vom 3. zum 4. Oktober passieren Züge mit DDR-Flüchtlingen aus der BRD-Botschaft in Prag auf dem Weg in den Westen den Hauptbahnhof. Ausschreitungen und friedliche Montagsdemonstrationen führen zur »Wende«.
1990 Erste freie Kommunalwahlen seit 1949. Dresden ist wieder die Hauptstadt des Freistaats Sachsen.
1994 Siemens baut das damals modernste Computerchip-Werk Europas.
2001 VW eröffnet am Straßburger Platz die »Gläserne Manufaktur«. Weihe der neuen Synagoge.
2002 Die Jahrhundertflut im August richtet große Schäden an, die rasch wieder beseitigt werden.
2005 Weihe der Frauenkirche nach 13 Jahren des Wiederaufbaus.
2006 800-jähriges Stadtjubiläum, Eröffnung des Historischen Grünen Gewölbes.
2009 Aufgrund des Baus der Waldschlösschenbrücke verliert Dresden den erst 2004 errungenen UNESCO-Welterbestatus.
2010 Wiedereröffnung des Albertinums.
2011 Eröffnung des neuen Militärhistorischen Museums der Bundeswehr.

Blick in das Eckkabinett des Grünen Gewölbes

Natur und Umwelt

Flora und Fauna

Die Wasserqualität der Elbe hat sich nach der Schließung vieler veralteter Fabriken erheblich verbessert. Die Belastung der Fische – Zander, Hechte, Kaulbarsche, Aale u. a. – mit Schwermetallen und anderen Schadstoffen ist zurückgegangen. Die Fischbestände haben sich seit der Flut 2002 und der Dürre 2003 wieder erholt. Einige Arten, z. B. der Karpfen und der Wels, sind allerdings noch stark gefährdet, vom Aussterben bedroht oder gar – wie der Stör – verschwunden. Dies hängt auch mit dem Ausbau des Flusses im Interesse der Schifffahrt zusammen, der nun neu überdacht wird.

Bedrohte Ökosysteme gibt es nicht nur im Wasser: Um die Elbaue und ihre Ausläufer als Lebensraum für Pflanzen und Tiere zu erhalten, soll sie mit den Elbwiesen zum flächendeckenden Biotopverbund zusammengefasst werden. 46 Biotope wie Streuobstwiesen, Feldgehölze, aufgelassene Steinbrüche, Teiche, Wiesen- und Ackerrandstreifen stehen als Flächennaturdenkmale unter Schutz. Amphibien, Schmetterlinge, Schnecken und Singvögel finden hier Lebensraum.

Grüne Lungen

Das größte Landschaftsschutzgebiet und ein wichtiger Sauerstoffspender ist die **Dresdner Heide** nordöstlich der Stadt. In diesem mehr als 50 km² großen, von Bächen durchzogenen Mischwald entspringen mehrere Quellen. Das sternförmige Wegenetz stammt noch aus der Zeit Augusts des Starken. Es ist weitläufig genug, um große Scharen von Sonntagsausflüglern aufzunehmen. Mit dem **Großen Garten** › S. 84 hat die Stadt eine weitere grüne Lunge mitten in ihrem Zentrum. Erst vergnügten sich hier die Kurfürsten, dann wurde er 1814 öffentlich zugänglich gemacht und heute tummeln sich Spaziergänger und Skater.

Luftqualität und Wohnqualität

Die Luftqualität hat sich in den vergangenen Jahren erheblich verbessert, weil die Schwefeldioxidbelastung verringert werden konnte. An der Nossener Brücke z. B. ging 1995 ein modernes Gas- und Dampfturbinen-Heizkraftwerk in Betrieb, das zwei alte Kraftwerke mit hohen Emissionswerten überflüssig machte.

Immer mehr Städter ließen sich nach 1989 auf dem Land nieder und pendeln zur Arbeitsstätte. Im Gegenzug wurden innerstädtische Plattenbaugebiete durch Abriss, Begrünung und aufgelockerter Neubebauung attraktiv gemacht. Insbesondere Toplagen sind wieder heiß begehrt – und entsprechend teuer geworden.

Special

Romantische Seiten einer Großstadt

Dresden ist eine der grünsten Großstädte Deutschlands; wie kaum anderswo gehen hier Landschaft und Stadt harmonisch ineinander über.

Wandern im Weinberg

Namen wie Dresdner Elbhänge, Wachwitzer Königlicher Weinberg und Pillnitzer Königlicher Weinberg stehen für romantische Weinberge im Stadtgebiet, die auf halber Höhe durch acht Weinwanderwege verbunden sind, auf denen man jeweils ca. eine Stunde unterwegs ist. Die Wege erstrecken sich insgesamt über eine Länge von 20 km. Sie sind Teil des sächsischen Weinwanderwegs von Pirna bis Diesbar und lassen sich beliebig miteinander kombinieren. Start- und Endpunkte können meist gut mit dem ÖPNV (in der Regel Bus 63) erreicht werden. Karten und Infos gibt es im Internet unter: www.weinwanderweg-sachsen.de

Versteckte Dörfer

Rund 50 historische Dorfkerne gehören zum Dresdner Stadtgebiet. Auf dem Stadtplan erkennt man diese »Dörfer in der Stadt« schon an ihren Namen: Altlaubegast, Altmickten, Altleuben, Alttrachau… Viele haben bis heute ihre ländliche Ursprünglichkeit bewahrt und lohnen einen Besuch, so Altleubnitz mit sehenswerter Kirche, Hosterwitz mit der

Kamelienblüten im Gewächshaus des Pillnitzer Schlossparks

romantischen Schifferkirche oder Altlaubegast an der Elbe. Völlig anders ist der Charakter der eingemeindeten Dörfer des Schönfelder Hochlandes. Hier macht vor allem Schönfeld selbst seinem Namen alle Ehre.

Botanische Raritäten

Die Liebe der Sachsen zu exotischen Pflanzen ist alt. Von den wenigen Privilegierten, die im 17. Jh. in den Genuss einer Japanreise kamen, war jeder elfte ein Dresdner Hofgärtner. 1778 brachte der schwedische Botaniker Carl Peter Thunberg aus Nagasaki vier Kamelienpflanzen nach London. Eine davon gelangte nach Dresden; sie gilt heute als älteste europäische Kamelie. Seit 1992 schützt sie in der kalten Jahreszeit ein fahrbares Gewächshaus, dessen Klima ein Computer steuert. Von Februar bis April zeigt sie ihre 35 000 glockenförmigen Blüten und ist damit die Primadonna der botanischen Kostbarkeiten im **Pillnitzer Schlosspark** › S. 117.

Kleiner, aber nicht weniger romantisch sind die Kameliensammlungen in der Umgebung Dresdens, etwa im **Landschloss Pirna-Zuschendorf** (www.kamelienschloss.de, März–Okt. Di–Fr 10–18, Sa, So 10–17 Uhr) und in **Schloss Königsbrück** (Ende Jan. bis März So 10–17 Uhr). Auch im Dresdner Zentrum gibt es einen Botanischen Garten › S. 84.

Über Dresden schweben

Immer wieder eindrucksvoll ist der Anblick, wenn große bunte Heißluftballons vom Königsufer aus in die Lüfte schweben. Noch viel großartiger ist es, Dresden von oben zu erleben; mehrere Anbieter machen dies für ca. 200 Euro pro Person möglich (Tel. 650 50 00, www.ballone-ueber-dresden.de oder Tel. 47 96 52 50, www.ballon-sport-dresden.de).

Kunst und Kultur

Wer nach Dresden kommt, den erwartet ein üppiges Kulturangebot, das mit zum Beinamen der Stadt als Elbflorenz beigetragen hat: großartige Bauwerke, kostbare Gemälde, edles Porzellan. Sei es ein Besuch in den beiden Museen des Grünen Gewölbes, eine Aufführung des Kreuzchors oder ein Abend in der Semperoper – das stil- und stimmungsvolle Ambiente im Herzen der Altstadt verleiht dem kulturellen Genuss eine besonders exklusive Note.

Dresdens Weltruhm als Kunstmetropole geht auf die Sammelfreude und den Kunstsinn Augusts des Starken und seiner Nachfolger zurück. Gemälde von Lucas Cranach, Hans Holbein und Albrecht Dürer, Raffael, Tizian und Rembrandt wurden für die kurfürstliche Galerie erworben, wo man sie noch heute bewundern kann. Im Jahr 1705 hoben die Wettiner eine Kunstakademie aus der Taufe, an der in späteren Jahren u. a. Ludwig Richter, Oskar Kokoschka oder Gottfried Semper lehrten.

Architektur

Berühmt wurde Dresden durch die prächtigen **Barockbauten**, die in der Regierungszeit Augusts des Starken und seines Sohnes Friedrich August II. entstanden. Hofarchitekt und Oberlandbaumeister war

Die Gemäldegalerie im Zwinger versammelt die Alten Meister

Ein architektonisches Meisterwerk: die Semperoper

Matthäus Daniel Pöppelmann. Er baute den Zwinger, das Japanische Palais, das Taschenbergpalais, die Matthäus- und Weinbergskirche sowie Schloss Pillnitz. Zusammen mit dem Dresdner Ratszimmermeister George Bähr schuf er die Dreikönigskirche. Bährs Hauptwerk aber wurde die Frauenkirche, die das Selbstbewusstsein der Bürgerschaft gegenüber dem absolutistischen Adel widerspiegelte.

Im 19. Jh. war Gottfried Semper der Stararchitekt Dresdens. Von ihm stammen die Pläne der Gemäldegalerie am Zwinger, der Sächsischen Staatsoper und der 1938 von den Nationalsozialisten zerstörten Dresdner Synagoge. Der politisch aktive Demokrat mischte sich ins gesellschaftliche Leben ein und wurde wie sein Musikerkollege Richard Wagner nach seiner Beteiligung am Maiaufstand 1849 wegen Hochverrats steckbrieflich gesucht. Sein Opernhaus brannte 1869 durch Fahrlässigkeit nieder. Der Auftrag für die zweite, heutige Semperoper erging, nachdem die revolutionären Wogen geglättet waren, wiederum an Semper, dessen Sohn die Bauleitung übernahm.

Um 1900 erlebte Dresden einen gewaltigen Bauboom. Arbeiterviertel, **Industriebauten und Gründerzeitvillen** verliehen dem Stadtbild bürgerliche Züge. In einzigartiger Geschlossenheit kann man diese Gründerzeitviertel in Striesen, Löbtau, Pieschen, Trachenberge und der Äußeren Neustadt bewundern. Hans Erlwein, von 1905 bis 1914 Stadtbaurat, spielte dabei eine zentrale Rolle. Der zu Lebzeiten wegen seiner schmucklosen und sachlichen Entwürfe heftig umstrittene Architekt schuf 1913/14 den 40 m hohen Erlwein-Speicher an der Elbe, heute ein

Kongresshotel. Auch der Schlachthof am Ostragehege (heute Messe) entstand 1910 nach seinen Plänen. Ein Beispiel besonders origineller Industriearchitektur ist die benachbarte Yenidze-Zigarettenfabrik › S. 81. Der märchenhafte Entwurf der Tabakmanufaktur als Moschee mit Glaskuppel, unter deren Minarett sich der Fabrikschornstein versteckt, lässt den Betrachter noch heute staunen.

Anfang des 20. Jhs. wuchsen auch die Villenpracht von Blasewitz oder Loschwitz und, gedacht für die kleinen Leute, die Gartenstadt Hellerau. Ausgangspunkt waren die ab 1909 von Richard Riemerschmid errichteten Deutschen Werkstätten, in denen sachlich-schlichte Möbel gefertigt wurden. Für ihre Arbeiter planten Hermann Muthesius und Heinrich Tessenow Reihenhäuser mit Garten, um die Einheit von Leben und Arbeit zu realisieren. Darauf verwies auch das Yin-Yang-Zeichen am Giebel von Tessenows Festspielhaus.

Die **Zwanzigerjahre** brachten extravagante Formen in die Dresdner Architektur: Am Stübelplatz entstand das skurrile Kugelhaus, ein kugelförmiger Bau auf kleinster Grundfläche, mit dem die Nationalsozialisten in ihrer rechtwinkligen Hakenkreuz-Denkweise nichts anfangen konnten: Sie erklärten das Kugelhaus für entartet und ließen es abreißen. Das 1929 am Albertplatz gebaute elfstöckige Hochhaus, das erste seiner Art in Dresden, steht dagegen heute noch.

Nach 1945 sollte die zerbombte Stadt zu einer großflächigen, verkehrsgerechten sozialistischen Metropole umgestaltet werden. Die Quader, die man in den 1970er-Jahren nach dem Vorbild von Rotterdam an die Prager Straße stellte, aber auch die austauschbare **Gebrauchsarchitektur** vieler Büro- und Geschäftshäuser nach der Wende, machen die Vorbehalte der Dresdner gegenüber moderner Architektur verständlich.

Doch es gibt auch interessante Zeugnisse **modernen Bauens**: So setzte Stararchitekt Sir Norman Foster dem Hauptbahnhof ein futuristisches Teflon-Dach auf. Das Landtagsgebäude hinter der Semperoper mit dem runden, gläsernen Plenarsaal, mit dem der Ar-

Aus dem türkischen Ort Yenidze kam einst der Tabak nach Dresden

chitekt Peter Kulka seine Heimatstadt bereicherte, wurde 1993 bezogen. Ansprechend ist auch das 1996 eingeweihte World Trade Center mit rundem Turm und glasüberdachtem Innenhof. Neue Akzente setzen das futuristisch anmutende Kino Ufa-Palast nahe der Prager Straße, die »Gläserne Manufaktur« des VW-Konzerns am Straßburger Platz, das Kongresszentrum an der Marienbrücke, diverse Gebäude der Technischen Universität wie z.B. die Bibliothek (SLUB) sowie der Umbau des Militärhistorischen Museums durch Daniel Libeskind (bis 2011).

Literatur

Große Dichter gingen in Dresden von jeher ein und aus: **Friedrich Schiller** schrieb hier an seinem Drama »Don Carlos« und vollendete 1785 die Ode »An die Freude«. Auch **Goethe**, die Brüder **Humboldt** und **Freiherr vom Stein** ließen sich hier sehen – ebenso wie **Johann Gottfried Herder**, der Dresden »ein deutsches Florenz« genannt hatte. **Heinrich von Kleist** versetzte seinen »Michael Kohlhaas« in die Pirnaische Vorstadt, wo er eine Weile wohnte und »Käthchen von Heilbronn« schrieb. War bis 1815 das Körnerhaus Mittelpunkt des literarischen Lebens, wurde später das Eckhaus des Novellisten **Ludwig Tieck** an der Kreuzkirche zum Treff der Künstler. Tieck, von 1825 bis 1841 Dramaturg am Hoftheater, lud zu Leseabenden, Vorträgen und Diskussionen ein und focht gegen biedermeierliche Gemütlichkeit.

In der zweiten Hälfte des 19. Jhs. erwachte das Interesse des Dresdner Bürgertums an der feudalen Vergangenheit. Der polnische Schriftsteller **Ignacy Kraszewski** › S. 66 kam 1863 nach Dresden und begründete mit seiner Romantrilogie über Sachsen und Polen unser heutiges Bild vom sächsischen Hof. 1875 wurde der Volksschullehrer **Karl May** Redakteur bei einer Dresdner Familienzeitschrift. Dann schrieb er seine berühmten Abenteuergeschichten und bezog 1896 eine Villa in Radebeul › S. 127.

Ein echter Dresdner war **Erich Kästner**, der sich mit Kinderbuchklassikern wie »Emil und die Detektive« oder »Das doppelte Lottchen« ins Herz mehrerer Generationen schrieb. Am Albertplatz erinnert ein Museum im Haus seines Onkels an ihn › S. 98.

Mit weniger guten Gefühlen denkt **Durs Grünbein** an seine Heimatstadt. Sie war für ihn »lange Zeit dieser unterbelichtete Film, in dem der Volkspolizist immer das letzte Wort behielt«. Er lebt heute, genau wie der ebenfalls in Dresden geborene Ingo Schulze, in Berlin. Dageblieben ist **Thomas Rosenlöcher**, der in seinem lesenswerten und unterhaltsamen (Tage-)Buch »Die verkauften Pflastersteine« die dramatischen Ereignisse der Wendezeit festgehalten hat. In jenen Tagen endet **Uwe Tellkamps** »Der Turm«. Sein großartiger Roman über das DDR-Bildungsbürgerturm spielt am Weißen Hirsch und wurde 2008 mit dem Deutschen Buchpreis ausgezeichnet.

Special

Weltberühmte Dresdner Klänge

Dresden ist eine Musikstadt europäischen Rangs: Wichtige Komponisten wie Wagner, Schumann oder Strauss haben hier gewirkt. Ihre Tradition pflegen viele musikalische Institutionen auf höchstem Niveau. Die älteste ist der **Kreuzchor** – mit rund 150 Sängern einer der großen deutschen Knabenchöre. Seit dem 13. Jh. werden eigens für den liturgischen Gesang in der Kreuzkirche Sänger ausgebildet. Wenn keine Ferien oder Tourneen anstehen, kann man den Chor samstags 17 Uhr bei den Kreuzchorvespern erleben.

Als Theater- und Opernstadt erlangte Dresden früh Bedeutung. Neben dem Schloss entstand 1667 das Komödienhaus, einer der ersten festen Theaterbauten in Deutschland. 1719 folgte das dem Hof vorbehaltene Opernhaus am Zwinger und 1841 eröffnete die erste **Semperoper**. Als Hofkapellmeister fungierte ab 1843 Richard Wagner, der hier »Rienzi«, »Der Fliegende Holländer« und »Tannhäuser« uraufführte. Die erste Hälfte des 20. Jhs. war die große Zeit von Richard Strauss, der der Dresdner Oper zu Weltruhm verhalf. Ihre Werke stehen noch heute im Mittelpunkt des Spielplans. Gespielt werden sie von der Sächsischen Staatskapelle.

Die **Frauenkirche** ist seit ihrer Weihe 2005 ein Ort lebendiger Musikpflege geworden. Kantorei und Kammerchor sowie die neue Kern-Orgel sind Hauptträger der musikalischen Aktivitäten. Dazu kommen immer samstags um 20 Uhr Sonderkonzerte renommierter Gäste. Alle zwei Wochen gibt es um 15 Uhr eine geistliche Sonntagsmusik. Auch im Rahmen der regelmäßigen Andachten, bei denen im Anschluss ein Gästeführer Geschichte und Bau der Frauenkirche erläutert, kann man Orgelmusik erleben (Mo–Sa 12 Uhr, Mo, Mi, Fr auch 18 Uhr).

Die **Dresdner Philharmonie**, zweites Spitzenorchester der Stadt, wurde 1870 als Gewerbehausorchester gegründet. Zu hören ist sie fast an jedem Wochenende an unterschiedlichen Spielorten. Mit Operette, Musical und leichter Oper ergänzt die **Staatsoperette Dresden** das Angebot.

Unweit von Dresden bieten die **Landesbühnen Sachsen** in Radebeul das ganze Spektrum eines Vier-Sparten-Theaters.

Regelmäßige Musikerlebnisse

Bei einem so vielfältigen und großen Angebot ist es ein Leichtes, den Dresden-Besuch mit einem hochkarätigen Musikerlebnis zu verknüpfen. Vor allem für die Wochenenden in der Hauptsaison sollte man sich allerdings lange im Voraus Karten besorgen. Bis auf die Kreuzkirche kann man bei allen genannten Institutionen Eintrittskarten über die Internetseiten kaufen › S. 33.

Silbermannorgel in der Frauenkirche

Neben den Kreuzchorvespern gibt es weitere feste Termine für spontanen Musikgenuss, etwa in der **Kathedrale**, wo man die Silbermann-Orgel (Mi, Sa 11.30 Uhr) oder die Kapellknaben (www.kapellknaben.de, Fei 10.30 Uhr) regelmäßig hören kann. Mittwochs um 20 Uhr laden Kathedrale, Kreuz- und Frauenkirche im Wechsel zum **Dresdner Orgelzyklus** ein. Das gesamte Angebot der Musikstadt entfaltet sich eindrucksvoll bei den **Dresdner Musikfestspielen** ab Mitte Mai, die alljährlich einen Themenschwerpunkt haben (Tel. 862 73 90, www.musikfestspiele.com).

Ein musikalisches Erlebnis beschert die Stadt in der **Weihnachtszeit**. Für viele Dresdner gehört der Kreuzchor mit Bachs Weihnachtsoratorium – dessen Kantaten 4–6 nach dem Fest weniger voll sind – oder der Christmette am 1. Feiertag um 6 Uhr fest ins Festprogramm. Am Heiligen Abend selbst erlebt man dann in vielen Kirchen festlich gestaltete Christmessen von beeindruckender musikalischer Qualität. Absoluten Kultstatus hat wiederum das Krippenspiel von Olaf Schubert in der Scheune (www.krippenspiel.com).

Caspar David Friedrichs »Das große Gehege bei Dresden« (1832) aus der Sammlung Galerie Neue Meister

Malerei und Bildhauerei

Während der Barockzeit war der bayerische Bauernsohn **Balthasar Permoser** der gefragteste Bildhauer in der Elbestadt. Von ihm stammen die meisten Skulpturen am Zwinger oder die vier Herkulesfiguren im Großen Garten. Im Grünen Gewölbe kann man seine fein gearbeiteten Kleinskulpturen aus Holz und Elfenbein bestaunen. Zum großartigen Bildchronisten jener Zeit wurde der Venezianer Bernardo Bellotto, genannt **Canaletto**, der die Stadt in detailgenauen Ansichten festhielt.

Anfang des 19. Jhs. war Dresden das Zentrum der deutschen Frühromantik, **Philipp Otto Runge, Caspar David Friedrich, Ludwig Richter** und der auch als Arzt berühmte **Carl Gustav Carus** waren auf dem Gebiet der Malerei ihre bedeutendsten Vertreter. Sie wurden vor allem von den stimmungsvollen Landschaften der Umgebung inspiriert. Ein gefragter Historien- und Porträtmaler war der Rheinländer **Gerhard von Kügelgen**, der sich 1805 in Dresden niederließ. Sein Wohn- und Atelierhaus in der Hauptstraße 13 entwickelte sich schnell zu einem Treffpunkt der Dresdner Künstlerszene.

Impressionismus und Jugendstil hatten es Ende des 19. Jhs. nicht leicht, an der Elbe Fuß zu fassen. Der 1905 vollendete Zentralbau der Strehlener Christuskirche mit ihren 66 m hohen Türmen gilt als erste Jugendstilkirche Sachsens. Bei der nächsten ästhetischen Rebellion gegen das Bestehende stand Dresden dann im Zentrum des Aufbruchs. »Jeder gehört zu uns, der unmittelbar und unverfälscht wiedergibt, was ihn zum Schaffen drängt«, heißt es im Programm der Künstlervereinigung **»Die Brücke«** › S. 125, die als Keimzelle des Expressionismus gilt.

Gegründet wurde sie 1905 von Ernst Ludwig Kirchner, Karl Schmidt-Rottluff, Fritz Bleyl und Erich Heckel. Die Nationalsozialisten stuften die »Brücke«-Kunst als entartet ein, desgleichen die Werke des Österreichers **Oskar Kokoschka**, der von 1919 bis 1923 an der Dresdner Kunstakademie lehrte. Auch **Otto Dix** fand vor den Nazis keine Gnade: 1933 wurde ihm seine Professur an der Kunstakademie entzogen.

Einige der erfolgreichsten Gegenwartsmaler kommen aus Dresden und Umgebung, darunter **Georg Baselitz** – der, bei dem alles auf dem Kopf steht – oder **A.R. Penck** mit seinen charakteristischen Strichmännchen. Der berühmteste ist **Gerhard Richter**, der 2004 der Gemäldegalerie 41 Werke als Dauerleihgabe übergab, die damit die größte Werksammlung des Künstlers besitzt. Zu den gefeierten Jungstars der Dresdner Kunstszene gehört der 1967 geborene **Eberhard Havekost**.

Feste und Veranstaltungen

In der Kulturmetropole dominiert die Musik auch den Veranstaltungskalender. Aber auch Feiern können die Dresdner und das ganz unterschiedlich. Während bei den Karl-May-Festtagen Wildwest-Stimmung aufkommt, geht es bei der Bunten Republik Neustadt ausgelassen zu und beim Elbhangfest werden gleich mehrere Orte zur kilometerlangen Bühne. Genaue Infos bieten die Stadtmagazine »Sax« und »Prinz«, kostenlose Publikationen wie das »Dresdner Kulturmagazin«, »Fritz« und »Theater–Konzert–Kunst« oder www.dresden.de/tourismus

Festkalender

Januar: **Neujahrskonzerte** der Dresdner Philharmonie und der Staatskapelle (www.dresdnerphilharmonie.de).
Beim **SemperOpernball** gibt man sich glanzvoll (www.semperopernball.de).

Februar: **Konzerte anlässlich der Zerstörung** Dresdens am 13./14. Februar 1945 in der Semperoper, der Kreuzkirche und der Frauenkirche.

April: **Filmfest** für Animations- und Kurzfilme (www.filmfest-dresden.de).

Mai: **Dampferparade** der Sächsischen Dampfschiffahrt (www.saechsische-dampfschiffahrt.de).
Höhepunkt des **Dixieland-Festivals** ist der große Umzug (www.dixieland.de).
Karl-May-Festtage in Radebeul (www.karl-may-fest.de).
Das **Johann Strauss Festival** (www.staatsoperette-dresden.de) wird gefolgt von den **Dresdner Musikfestspielen** (www.musikfestspiele.com).

Juni: Am 3. Wochenende verwandelt sich der ganze Stadtteil bei der **Bunten Republik**

Neustadt in eine riesige Freiluft-Disko (www.brn-dresden.de).
Am letzten Wochenende wird zwischen Loschwitz und Pillnitz das **Elbhangfest** u. a. mit Markt, Konzerten und Weinproben gefeiert (www.elbhangfest.de).
Juli: Die **Dresdner Vogelwiese** ist eines der ältesten Schützenfeste Deutschlands.
Partystimmung und Romantik bietet die **Dresdner Schlössernacht** (www.dresdner-schloesser nacht.de) in den Parks der drei Loschwitzer Elbschlösser.
Bei den **Filmnächten** am Elbufer gibt es bis Ende August auch Konzerte (www.filmnaechte-am-elbufer.de).
August: Beim **Moritzburg Festival** präsentieren sich junge, international bekannte Solisten (www.moritzburgfestival.de).
Am 2. Samstag geht es nach Pillnitz zur **Schlossnacht** (www.pillnitzer-schlossnacht.de).
Traditionell am 3. Wochenende feiert Dresden sein **Stadtfest** (www.dresdner-stadtfest.com), u.a. mit Dampferparade und Mittelalterspektakel.
September: Der **Dresdner Herbstmarkt** auf dem Altmarkt ist eine Handwerkerschau mit sächsischen Produkten.
An drei Sonntagen zieht es Zehntausende Zuschauer zur traditionsreichen **Moritzburger Hengstparade** mit Dressuren, Rennen und Spielen (www.hengstparade-moritzburg.de).
Oktober: Dresdner Tage der zeitgenössischen Musik (www.hellerau.org).
Buntes Treiben beim Dresdner **Herbstfest** am Elbufer.
November: Jazztage (www.jazztage-dresden.de).
Dezember: Der **Striezelmarkt** ist der älteste deutsche Weihnachtsmarkt (www.dresden.de/strietzelmarkt).

Das Elbhangfest ist das längste Fest der Stadt, hier vor Schloss Pillnitz

DRESDE

Unterwegs in Dresden

Entdecken Sie die einzelnen Reiseregionen – jeweils mit den schönsten Touren, allem Sehens- und Erlebenswerten, Hotel-, Restaurant-, Nightlife- und Shoppingtipps

Die Altstadt und südlich der Elbe

Nicht verpassen!

- Ein klassisches Konzert in der Frauenkirche
- Die Schatzkammern des Historischen und Neuen Grünen Gewölbes bestaunen
- Romantische Pause im Nymphenbad
- Eine Kreuzchorvesper am frühen Samstagabend
- Im Panometer das Dresden von 1756 erleben

Zur Orientierung

In einer S-förmigen Windung durchfließt die Elbe Dresden. An einem dieser Bögen formt das historische Zentrum mit seinen Bauten die berühmte Silhouette der Stadt. Marien-, Augustus-, Carola- und Albertbrücke führen von hier auf die gegenüberliegende Neustadtseite.

Das historische Stadtzentrum, das zwischen Mittelalter und Barock entstand, ist recht klein. Gut einen Kilometer misst die Innere Altstadt, die sich von der ehemaligen Venusbastion an der Neuen Synagoge entlang der Elbe bis zu Zwingerteich und Semperoper erstreckt. Noch kürzer ist es von hier in Richtung Süden bis zum Dr.-Külz-Ring, der die alte Stadtgrenze markiert. Wie klein das Alte Dresden in seinem Goldenen Zeitalter war, lässt sich am besten im Panometer erfassen, das einen fast realistischen Panoramablick in die Vergangenheit erlaubt. Schnell könnte man auf den Gedanken kommen, Dresden ließe sich in einer halben Stunde durchwandern. Doch aufgrund der Fülle seiner Bauwerke, der Museumsschätze und der Vielfalt an Einkehrmöglichkeiten lässt sich hier leicht ein ganzer Tag verbringen.

Das touristische Interesse richtet sich hier vor allem auf zwei Plätze: den Theaterplatz und den Neumarkt. Ist es beim Theaterplatz vor allem die erhabene Schönheit der ihn umgebenden Gebäude, so lebt der Neumarkt zu Füßen der Frauenkirche von seinem quirligen Flair mit Restaurants und Läden. Dabei war der Platz seit dem Zweiten Weltkrieg bis vor wenigen Jahren eine innerstädtische Brache und ist auch heute noch nicht wieder komplett.

Zwischen Altmarkt und Prager Straße werden die Narben des Krieges am ehesten deutlich. Doch die zahlreichen Einkaufszentren und Läden lenken den Blick sowieso auf etwas anderes. Die kulturhistorisch interessante Friedrichstadt liegt bereits abseits der Touristenströme, genau wie der Große Garten, in dem man Kulturgenuss und Erholung ideal miteinander verbinden kann.

Die QF-Passage gibt den Blick frei auf die Frauenkirche, links die prachtvolle Innenansicht

Touren in der Altstadt

Das klassische Dresden

– 1 – Theaterplatz › Zwinger › Brühlsche Terrasse › Frauenkirche › Johanneum

Dauer: 2–8 Std.
Praktische Hinweise: Der Theaterplatz ist mit der Straßenbahn (4, 8, 9) zu erreichen. Das Auto lässt man in der Tiefgarage unter dem Neumarkt oder dem Altmarkt. Beginnen Sie die Tour nicht zu früh, die Museen öffnen erst um 10 Uhr. Um 10.15 Uhr sollte man sich das Porzellanglockenspiel im Zwinger nicht entgehen lassen.

**Theaterplatz 1

Am Theaterplatz, einem der schönsten Plätze Deutschlands, weiß man gar nicht, wo man zuerst hinsehen soll. Wie edle Möbelstücke in einem überdimensionalen Prunksaal wirken die Gebäude rundherum: die prachtvolle Semperoper, die Gemäldegalerie des Zwingers, das Residenzschloss mit dem Hausmannsturm, die Kathedrale und das zur Elbe hin gelegene Restaurant »Italienisches Dörfchen«.

Dreh- und Angelpunkt des Rundblicks ist das 1889 von Hofbildhauer Johannes Schilling geschaffene Reiterstandbild König Johanns, der die Sachsen von 1854 bis 1873 regierte und u.a. Dantes »Göttliche Komödie« ins Deutsche übersetzte.

1 **Semperoper 2

Im Rücken des reitenden Königs erhebt sich die als Semperoper bekannte Sächsische Staatsoper. 1841 wurde an dieser Stelle ein dreigeschossiger Sandsteinbau eingeweiht, den Gottfried Semper im Stil der italienischen Renaissance entworfen hatte. 1869 brannte das viel gepriesene Haus ab. König Johann übertrug Semper und seinem Sohn Manfred die Konzeption einer neuen Oper, die 1878 fertiggestellt wurde. Auf dem Dach thront die von Pantherquadriga mit Dionysos und Ariadne von Johannes Schilling; das Hauptportal flankieren Skulpturen von Goethe und Schiller, die Ernst Rietschel schuf.

Die prächtig geschmückten und dennoch vornehm-klassischen Innenräume genießt man am besten bei einer Aufführung. Im festlichen Zuschauerraum zu sitzen und den Blick vor Beginn der Vorstellung über die vier Ränge zum 285-flammigen Kronleuchter in der Mitte schweifen zu lassen – dieses Erlebnis ist nicht nur für Opernfans wahrlich erhebend. Hinein kommt man aber auch im Rahmen einer einstündigen Führung (Tel. 320 73 60, www.semperoper-erleben.de).

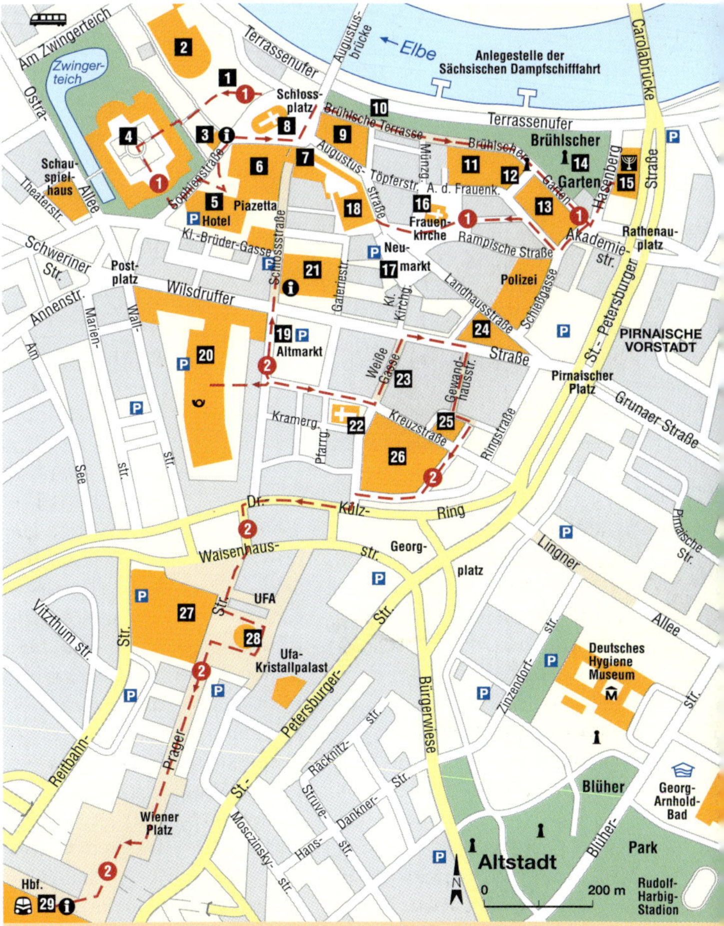

– 1 –

Das klassische Dresden

1 Theaterplatz
2 Semperoper
3 Schinkelwache
4 Zwinger
5 Taschenberg-palais
6 Dresdner Schloss
7 Fürstenzug
8 Kathedrale
9 Ständehaus
10 Brühlsche Terrasse
11 Kunst-akademie
12 Festung Dresden
13 Albertinum
14 Böttger-Stele
15 Synagoge
16 Frauenkirche
17 Neumarkt
18 Johanneum

– 2 –

Vom Mittelalter zur Moderne

19 Altmarkt
20 Altmarkt-Galerie
21 Kulturpalast
22 Kreuzkirche
23 Gänsedieb-Brunnen
24 Landhaus
25 Gewandhaus
26 Rathaus
27 Centrum-Galerie
28 Rundkino
29 Hauptbahnhof

Der Innenhof des Dresdner Zwingers

Schinkelwache 3

Das Wachgebäude aus Sandstein wurde 1830–1832 von Joseph Thürmer nach Entwürfen Karl Friedrich Schinkels im Stil des Berliner Klassizismus errichtet. Hier ist u.a. der Kartenvorverkauf der Semperoper untergebracht (Tel. 491 17 05, Mo–Fr 10–18, Sa 10–13 Uhr).

2 ***Zwinger 4

Der Dresdner Zwinger ist ein Meisterwerk europäischer Barockarchitektur. Er entstand 1709 bis 1732 unter August dem Starken. Der Name geht auf die Lage des Bauwerks innerhalb der ehemaligen Stadtbefestigung zurück: Zwinger nannte man den Platz zwischen der äußeren und inneren Festungsmauer.

Der Innenhof

Eine breite Treppe führt hinunter in den mit Wasserbecken und Rasenflächen gestalteten Innenhof (116 m x 204 m). Wie aus einem Guss erscheinen die baugeschichtlich recht heterogenen Elemente – die Gesetze barocker Symmetrie wurden auch bei den Erweiterungsbauten eingehalten. Die übermütig geschwungenen, üppig verzierten Pavillons und Galerien, die den Hof umschließen, versetzen den Betrachter in die Welt höfischer Lustbarkeiten und barocker Lebensfreude. Der opulente Gesamteindruck der verspielten Gebäude und ihrer lustvollen Verzierungen ist Ergebnis der Zusammenarbeit des Architekten Matthäus Daniel Pöppelmann und des Bildhauers Balthasar Permoser. Beide verbanden auf geniale Weise deutsche, italienische und französische Architekturelemente zu einem geschlossenen Ensemble.

!! Außer im Winter erklingt das **Meißner Porzellanglockenspiel** im Zwinger täglich mit einem

Musikstück um 10.15, 14.15, 18.15 und 22.15 Uhr.

Das Wahrzeichen Dresdens ist das **Kronentor**, auf dem vier goldene Adler die polnische Königskrone tragen. August II. wurde 1697 zum polnischen König gewählt. Einen ersten Entwurf für das Tor hatte der Architektur liebende August selbst gezeichnet.

Wallpavillon und Nymphenbad

Der lebendigste Teil des Zwingers ist der Wallpavillon im Nordwesten, dessen Obergeschoss von sinnenfrohen, lachenden Satyrn getragen wird. Das Wappen Augusts wird von zwei Engeln umrahmt, die den Ruhm des Sachsenherrschers in alle Welt verkünden. Darüber ist August der Starke selbst als Weltkugel tragender Herkules zu sehen.

Rechts vom Wallpavillon versteckt sich das heiter-verspielte cht gut! **Nymphenbad.** Erotische Nymphenfiguren umrahmen ein Wasserbecken. Der kleine schattige Innenhof ist erfüllt vom leisen Plätschern der Brunnen und der Wasserkaskaden; er entfaltet seinen romantischen Zauber vollends in einem einsamen Moment.

Ausstellungen im Zwinger

In den Räumen rechter Hand vom Wallpavillon werden Plastiken der **Skulpturensammlung** und wechselnde Sonderausstellungen gezeigt. (Di–So 10–18 Uhr).

Links davon befindet sich der ***Mathematisch-Physikalische Salon**. Seit 1728 werden hier astronomische Instrumente, Rechenmaschinen und Uhren, aber auch mechanisches Spielzeug gesammelt (bis 2013 geschl.).

Im südwestlichen Eckpavillon und in den beiden Bogengalerien ist die kostbare ****Porzellansammlung** Augusts des Starken untergebracht. Sie gehört zu den größten der Welt und vereint wertvolle Porzellane aus China und Japan (15.–18. Jh.) mit frühen Stücken europäischen Porzellans aus Dresden und Meißen. Besondere Meisterstücke sind die teils lebensgroßen Tierdarstellungen. Interessant ist auch der Vergleich von chinesischen Originalen und den kleineren Meißner Kopien: Beim Brand schrumpft das Porzellan um 16 %. Die 2006 eröffnete östliche Bogengalerie mit ostasiatischen Porzellanen hat der Designer Peter Marino gestaltet (Tel. 49 14 20 00, www.skd.museum, Di–So 10–18 Uhr).

***Gemäldegalerie Alte Meister

Den nordöstlichen Abschluss des Zwingers bildet die weltberühmte Gemäldegalerie Alte Meister von Gottfried Semper. Sie ging aus der kurfürstlichen Kunstkammer des 16. Jhs. hervor, die von den Kurfürsten Friedrich August I. und II. erweitert wurde. Die Kurfürsten kauften, was edel und kostbar war – Bilder von Holbein, Rubens, Tizian, Veronese, Velázquez und Correggio. 1754 kam Raffaels **Sixtinische Madonna** aus der Klosterkirche von Piacenza nach Dresden. Ein weiteres Glanzstück ist

Liotards »Schokoladenmädchen« von 1744.

Neben den Italienern des 16. und 17. Jhs. ist auch die holländische und flämische Malerei des 17. Jhs. stark vertreten, darunter Rubens, van Eyck, Vermeer und Rembrandt. Zu den bedeutendsten Werken zählen die »Schlummernde Venus« von Giorgione, Rembrandts »Selbstbildnis mit Saskia«, »Bathseba am Springbrunnen« von Peter Paul Rubens und Albrecht Dürers »Bildnis des Bernhard von Reesen« (Di–So 10–18 Uhr).

*Rüstkammer

Im linken Gebäudeflügel ist die Rüstkammer untergebracht, die 2010 wieder ins Residenzschloss umziehen soll. Die Sammlung von Prunkharnischen, Rüstungen, Jagd- und Turnierwaffen ist eine der bedeutendsten weltweit (Di–So 10–18 Uhr).

Echt gut! Die **Gourmetküche im Café und Restaurant Alte Meister** befindet sich praktisch unter der »Sixtinischen Madonna«. (Theaterplatz 1 a, Tel. 481 06 26, www.altemeister.net, ●●–●●●).

Cholerabrunnen und *Taschenbergpalais 5

Hauptmann Eugen von Gutschmid stiftete den Cholerabrunnen aus Dankbarkeit dafür, dass seine Vaterstadt Dresden von der Choleraepidemie der Jahre 1840/1841 verschont geblieben war. Wie eine Kirchturmspitze ragt der 18 m hohe neugotische Sandsteinbrunnen mit seinen 40 Wasserspeiern empor. Errichtet wurde er 1843 nach einem Semper-Entwurf.

Hinter dem Cholerabrunnen steht das prächtige Taschenbergpalais, heute Hotel Kempinski › S. 24. August der Starke hatte das Palais 1707–1711 für seine Mätresse, die Gräfin Cosel, bauen lassen. Nach Kriegszerstörung wurde sein Äußeres 1994 originalgetreu wiederhergestellt.

3 **Dresdner Schloss 6

Durch eine überdachte Brücke ist das Taschenbergpalais mit dem königlich-sächsischen Residenzschloss verbunden. Im 16. Jh. ließ Herzog Georg der Bärtige den Gebäudekomplex zu einem der prachtvollsten Renaissanceschlösser Deutschlands erweitern. Nach dem großen Brand von 1701 gestaltete man die Fest- und Audienzsäle im barocken Stil. Bei seinem letzten Umbau (1889–1901) bekam das Schloss ein einheitliches Aussehen im Stil der Neorenaissance. Bei den Bombenangriffen im Februar 1945 wurde es schwer beschädigt. Der äußere Wiederaufbau wurde 2008 abgeschlossen; innen soll es bis 2023 fertiggestellt werden. Alle Museen im Schloss haben gleiche Öffnungszeiten (www.skd.museum, Mi–Mo 10–18 Uhr).

Echt gu Einen **wunderbaren Blick** auf die Semperoper und die Dächer und Türme der Altstadt sowie über das Dresdner Elbtal hat man vom 101 m hohen **Hausmannsturm**.

Das Innere des Dresdner Schlosses wird bis 2013 restauriert

***Historisches und Neues Grünes Gewölbe

August der Starke war so stolz auf seine Schatzkammer, dass er seine »Geheime Verwahrung« in den teilweise grün gestrichenen, gewölbten Räumen des Schlosses prächtig ausstattete und für Besucher öffnete. Nach wechselvoller Geschichte ist Augusts Schatz 2006 wieder ins Schloss zurückgekehrt. Dafür wurden die ca. 4000 Kostbarkeiten auf zwei Museen aufgeteilt.

Das **Historische Grüne Gewölbe** im Erdgeschoss ist ganz auf den überwältigenden Raumeindruck hin konzipiert. In jahrelanger Arbeit und für mehr als 40 Mio. Euro entstanden die goldenen oder verspiegelten Wandverkleidungen, Tische, Konsolen und Bilder wieder so, wie sie August einst geplant hatte. Die Meisterwerke werden nicht in Glasvitrinen versteckt, sondern sind vom Betrachter nur durch einen Handlauf getrennt.

Im Vorgewölbe erhält jeder Besucher einen Audioguide. Nach Passieren der Sicherheitsschleuse geht es in die historischen Räume, die der barocken Dramaturgie folgen und nach Materialien geordnet sind: Bernsteinkabinett, Elfenbeinzimmer, Weißsilberzimmer, Silbervergoldetes Zimmer, Pretiosensaal, Wappenzimmer, Juwelenzimmer, Bronzenzimmer und der Raum der Renaissancebronzen. Bekanntestes Exponat ist die von Permoser geschaffene Mohrenfigur, die eine prächtige Smaragdstufe hält; die minera-

Echt gut!

Museums-Geheimtipps

- Im ersten Saal des **Historischen Grünen Gewölbes** › S. 65 gibt es vor der Schleuse unscheinbare Raritäten zu entdecken: den Siegelring Martin Luthers und die Trinkschale Iwans des Schrecklichen.
- Im **Hygiene-Museum** › S. 86 ist im Raum zur Sexualität ein wunderbarer Kurzfilm zu sehen: In »Die Männer meiner Oma« erzählt die sächsische Großmutter ihrem Filmemacher-Enkel amüsant und offen ihre sexuellen Erlebnisse. Lachtränen sind garantiert!
- **Kraszewski-Museum**
Nordstraße 28][Tel. 8 04 44 50
www.stmd.de
Mi–So 13–18 Uhr
Die »Sachsentrilogie« des polnischen Schriftstellers Józef Ignacy Kraszewski prägt bis heute unser Bild vom sächsischen Hof. Über 20 Jahre lebte er in Dresden im Exil. Seine Villa in der Neustadt ist heute ein kleines Museum.
- **Straßenbahnmuseum**
Trachenberger Str. 38][Tel. 858 35 98
www.strassenbahnmuseum-dresden.de.vu
Jeden 2. Samstag im Monat 10–15 Uhr (außer April, Juli, Dez.)
Seit 1872 fahren Straßenbahnen durch Dresden. Ein Verein zeigt über 30 historische Wagen. Der älteste ist von 1902.
- **Eisenbahnmuseum**
Zwickauer Str. 86][Tel. 461 32 97
www.igbwdresdenaltstadt.de
Im Sommer an jedem 1. und 3. Sa des Monats 10–16 Uhr
Historische Lokomotiven und Waggons in der Altstadt. Zum Dampflok-treffen (Ende März/Anfang April) ist alles in Bewegung …

logische Sensation wurde durch zusätzliche Steine aufgewertet.

! Der Zugang zu diesem begehbaren Tresor ist nur in begrenztem Rahmen mit zeitgebundener Eintrittskarte möglich. Dreiviertel der Tickets gehen in den Vorverkauf (Tel. 49 19 22 85, www.skd.museum); deshalb ist es ratsam, sich für die Restkarten frühzeitig anzustellen; die Tageskasse öffnet um 10 Uhr.

Die rund 1000 berühmtesten Meisterwerke aus Augusts Sammlung sind ein Stockwerk höher zu sehen. Das **Neue Grüne Gewölbe** (so genannt wegen der modernen Präsentation) ist ohne Einschränkung mit normaler Eintrittskarte zugänglich. Im Saal der Kunststücke (Saal 1) sind technische Raritäten wie die Kugellaufuhr von 1600 oder die an einen modernen Fernsehturm erinnernde Elfenbeinsäule bemerkenswert, ebenso das Mikrokabinett, wo man durch eine Lupe 185 in einen Kirschkern eingeschnitzte Köpfe bestaunen kann. Höhepunkt des ersten Raums der Kurfürsten (Saal 3) ist die Elfenbeinfregatte. Stolz blicken August und sein Hofjuwelier im Dinglinger-Saal (Saal 6) von Ölgemälden auf das Glanzstück der Kollektion herab: den »Hofstaat von Delhi am Geburtstag des Großmoguls Aureng Zeb«, der mit 137 goldenen, bunt emaillierten Figuren und 5000 Edelsteinen besetzt ist.

*Kupferstichkabinett

Im 3. Obergeschoss hat eine der weltweit bedeutendsten grafischen Sammlungen mit Stichen, Zeichnungen, seltenen Drucken, Skizzen und Fotografien ihre Räume. Sonderausstellungen geben einen Eindruck vom Reichtum und der Vielfalt der Schätze.

Türckische Cammer

Im 2. Stockwerk des Residenzschlosses findet sich dieses Museum mit Sammlerstücken Augusts des Starken und Trophäen der Türkenkriege. Prunkstück ist ein über 20 m langes Staatszelt.

Von der Türckischen Cammer und der ein Stockwerk tiefer gelegenen Fürstengalerie gelangt man über die wiedererrichtete barocke **Englische Treppe** wieder in den Kleinen Schlosshof.

Georgenbau und Stallhof

Östlich an das Schloss grenzt der prunkvolle Georgenbau an mit seinem mehrstufigen, reich verzierten Giebel und dem Georgentor, das um 1900 im Neorenaissancestil errichtet wurde.

Vom Hofeingang des Georgenbaus kann man einen Blick in den **Stallhof** werfen, in dem bis ins 18. Jh. höfische Ritterspiele und Hetzjagden auf Tiere veranstaltet wurden. Begrenzt wird der Hof durch den Langen Gang mit 22 Rundbogenarkaden, der das Schloss mit dem Johanneum › S. 73 verbindet.

*Fürstenzug 7

An der Außenseite des Langen Ganges befindet sich der Fürstenzug, eine über 100 m lange Herrscherparade des Hauses Wettin

Ausschnitt aus dem Fürstenzug

auf fast 1000 m² Meißener Porzellan. 1872–76 hatte Wilhelm Walther das Riesenbild in Sgraffitotechnik auf die Mauer gemalt. Um 1900 zeigten sich Risse. Daraufhin übertrug man das Bild auf fast 25 000 Meißner Porzellanfliesen und setzte sie fugenlos in Zementmörtel ein – das größte Porzellanbild der Welt.

Umgeben vom Fußvolk sind 35 Markgrafen, Herzöge und Könige der Wettiner hoch zu Ross abgebildet – von Konrad dem Großen und Georg dem Bärtigen bis zum letzten Sachsen-König Friedrich August III., der 1918 mit den Worten abdankte: **»Dann macht doch euern Dreck alleene!«** Und so folgen auf die letzten Herrscher bereits die selbstbewussten Bürger, darunter der Bildhauer Johannes Schilling, der Maler Ludwig Richter und der Schöpfer Wilhelm Walther selbst. Alle marschieren übrigens in umgekehrter Chronologie: eine leise Kritik des Künstlers an den konservativen Dresdnern, die gerne die glorreiche Vergangenheit beschwören?

Echt gut!

*Kathedrale 8

Die ehemalige Katholische Hofkirche ist erst seit 1980 Kathedrale des Bistums Dresden-Meißen. Um König von Polen zu werden konvertierte August der Starke 1697 zum Katholizismus. Für die Glaubensausübung benötigte man eine Kirche, mit deren Bau der italienische Architekt Gaetano Chiaveri durch Augusts Sohn und Nachfolger Friedrich August II. beauftragte wurde. Dieser legte 1739 den Grundstein für die dreischiffige Sandsteinbasilika, geriet jedoch später in Streit mit der Bauverwaltung und verließ Dresden im Zorn. Seine Hofkirche, bis heute Sachsens größtes Gotteshaus, wurde von deutschen Baumeistern fertiggestellt und 1751 eingeweiht.

Charakteristisch für die Kathedrale sind der weithin sichtbare filigrane Turm und die Balustrade mit 78 über drei Meter hohen Heiligenstatuen.

Im ebenso schlichten wie eleganten **Inneren** besticht die Rokokokanzel des Zwinger-Bildhauers Balthasar Permoser. Das riesige Gemälde der »Auferstehung Christi« über dem Hochaltar stammt ebenso wie die Bilder der Seitenaltäre von Hofmaler Anton Raffael Mengs.

Für den Prozessionsumgang zwischen Hauptschiff und Seitenschiffen gibt es einen praktischen Grund: Prozessionen außerhalb der Kirche wurden im protestantischen Sachsen nicht geduldet. Für diese Einschränkung wurden die Katholiken mit Kirchenmusik entschädigt: Die Silbermann-Orgel mit 3000 Orgelpfeifen wurde 1944 ausgelagert und so vor der Zerstörung bewahrt. Außerhalb von Gottesdiensten und Konzerten erklingt sie regelmäßig mittwochs und samstags um 11.30 Uhr.

Unter der Kirche liegen die **Grufträume**, in denen die wettinischen Herrscher beigesetzt wurden. August der Starke freilich ruht nicht hier, sondern neben den polnischen Königen im Dom zu Krakau. Nur sein in immer neuen Liebesaffären entflammtes Herz wird in einer kupfernen Kapsel unter der Hofkirche aufbewahrt. Jedes Mal, wenn eine schöne Frau vorbeigeht, so heißt es, beginne es wieder zu schlagen (nur mit Führung in der Regel Apr.–Okt. Mo–Do 14, Fr, Sa 13 u. 14, So 13 Uhr, Anm. und Info: Tel. 484 47 91 oder 484 47 12).

Ständehaus 9

Neben dem Aufgang zur Brühlschen Terrasse steht das düster-monumentale Ständehaus. Wo sich ab 1907 der sächsische Landtag versammelte, befindet sich heute das Sächsische Landesgericht. Der Dresdner Prof. Paul Wallot, Architekt des Berliner Reichstags, errichtete es 1901 bis 1907 an der Stelle, wo zuvor das Palais des Grafen Brühl gestanden hatte. Vor dem Ständehaus steht das Denkmal König Friedrich Augusts I. Ernst Rietschel und Christian Daniel Rauch verewigten den ersten sächsischen König 1843 in Denkerpose.

Blick auf die Kathedrale von der Brühlschen Terrasse

4 **Brühlsche Terrasse 10

Die Brühlsche Terrasse gehörte einst zur Stadtbefestigung. Nachdem diese im 18. Jh. ihre militärische Bedeutung verloren hatte, verschenkte Kurfürst August III. einen Teil der Anlage an den Grafen Heinrich von Brühl › S. 70, der einen Lustgarten und prunkvolle Gebäude errichten ließ, von denen jedoch keines erhalten blieb. Vom Schlossplatz führt eine **Freitreppe** hinauf auf die Terrasse. Gerahmt wird sie von Johannes Schillings Bronzefiguren der vier Tageszeiten: der Morgen (oben links), der Mittag (oben rechts), der Abend (unten links) und die Nacht (unten rechts).

Goethe nannte die Brühlsche Terrasse den »Balkon Europas«, pflegte hier doch die gute Gesellschaft mit ihren internationalen Gästen zu flanieren. Von der beliebten Promenade aus genießt man den Blick auf die Elbe und hinüber in die Neustadt mit dem schwarzen Turm der Dreikönigskirche, dem sächsischen Finanzministerium und – mit rotem Dach und goldener Krone – der Staatskanzlei.

Beim Spaziergang begegnet man mehreren **Skulpturen**, darunter das 1872 von Johannes Schilling geschaffene Denkmal für den Dresdner Bildhauer Ernst Rietschel, an dessen Stelle einst sein Atelier stand. Unübersehbar ist die Sieben-Bastionen-Plastik (1990), eine Weltkugel aus Bronze. Sie verweist auf den Erlass Augusts des Starken, die sieben Bastionen der Stadtbefestigung nach den damals bekannten Planeten zu benennen, steht aber auch für die durch Kriege bedrohte Welt. Der Legende nach drückte August der Starke mit seinem Daumen außerdem eine Delle ins Geländer am Ende der Terrasse.

Für eine Pause bieten sich zwei **Cafés** an, entweder das Vis-à-vis in den Räumen der Sekundogenitur, dem Palais des zweitgeborenen Prinzen oder das nur von unten aus zugängliche Café Antik, in dem man die Stühle und Tische sogar kaufen kann.

Kunstakademie 11

Seit 1764 existiert in Dresden eine Kunstakademie, heute Hochschule für Bildende Künste. Sie bezog Ende des 19. Jhs. das Gebäude mit der markanten Glaskuppel, die von den Dresdnern Zitronenpresse genannt wird. Obenauf schwebt die vergoldete Fama, die römische Göttin für Kunst, Ruhm und guten Ruf (www.hfbk-dresden.de).

Mit dem Gebäude verbunden sind die Ausstellungsräume der Staatlichen Kunstsammlungen im **Lipsiusbau**, die man durch einen tempelartigen Portikus betritt. Hier werden Sonderschauen insbesondere zeitgenössischer Kunst gezeigt (www.skd.museum).

*Festung Dresden 12

Am Semper-Denkmal führen Stufen zum Eingang in die Kasematten, das unterirdische Areal mit den Überresten der Festung.

Brühlscher Luxus

Seine Karriere war atemberaubend: 1727 machte August der Starke Heinrich von Brühl, den mittellosen Spross seines Weißenfelser Schlossverwalters, zum Kammerjunker. Brühl zeigte sich äußerst kreativ: Im Juni 1730, beim »Zeithainer Lager«, ließ er eine 46 m hohe und 113 m breite Wand aus bemaltem Stoff aufspannen, die einen riesigen Palast vortäuschen sollte, bewirtete 30 000 Gäste und brannte das größte Feuerwerk ab, das Sachsen je gesehen hatte. August war begeistert. Sein träger Sohn und Nachfolger Friedrich August II., der nur durch Brühls diplomatisches Geschick wie sein Vater König von Polen wurde, ernannte den Emporkömmling 1738 zum Außenminister. Er übertrug ihm die »Chatouillengelder«, die Geheimausgaben des Landesherrn, für die er keine Belege brauchte – eine Blankovollmacht.

Von August III. ließ er sich auch den elbseitigen Teil der alten Festungsanlagen schenken, auf der er sich an der Ecke zur Augustusstraße sein Palais Brühl errichten ließ, dessen Bibliothek 62 000 Bücher fasste. Beim Aufbau der kurfürstlichen Gemäldesammlung fiel auch für Brühl einiges ab. Schließlich ließ er sich als Direktor der Meißner Porzellanmanufaktur das damals größte Porzellanservice produzieren. Die 2500 Teile bezahlte er natürlich nicht selbst. Brühl organisierte den Staat wie die Feste. Nur das Militär wurde kurz gehalten, was sich im Krieg gegen Preußen bitter rächen sollte. Die Staatsschulden wuchsen und wuchsen, ganze Städte lagen nach dem Krieg gegen Preußen in Schutt und Asche. Dem Schuldigen an der Misere – Brühl – sollte der Prozess gemacht werden. Der aber schlug seinen Widersachern ein letztes Mal ein Schnippchen: Im Oktober 1763 segnete er das Zeitliche.

Die Gänge, Höhlen und Tonnengewölbe entstanden, als diese 1589 bis 1592 erweitert wurde. Zwei Kanonenhöfe, ummauerte Grabanlagen, Brückenfundamente und die Reste einer Gießerei für Glocken und Kanonen mit einem Bronzeschmelzofen aus dem 17. Jh. lassen sich erkunden. Bei einem Besuch der Unterwelt sollte man sich auf kühle Temperaturen einstellen (Tel. 49 14 97 86, www.schloesser-dresden.de, tgl. 10–18, im Winter bis 17 Uhr).

*Albertinum 13

Das 1884 von König Albert in Auftrag gegebene Gebäude ging aus dem Zeughaus (16. Jh.) hervor, von dem noch die Kellergewölbe, die durch toskanische Säulen geteilte Halle im Erdgeschoss und die beiden Westportale erhalten sind. Von 2006 bis 2010 wurde das Albertinum umfassend renoviert. Dabei überdachte man den Innenhof mit einem von außen unsichtbaren Depot-Neubau.

Als Museum für Kunst von der Romantik bis zur Gegenwart beherbergt das Albertinum die **Gemäldegalerie Neue Meister** und Teile der Skulpturensammlung. Den Auftakt des chronologisch gestalteten Rundgangs bilden die Romantiker wie Caspar David Friedrich und Ludwig Richter. Es folgen Impressionisten, Expressionisten (u.a. Otto Dix), Künstler der 1905 in Dresden gegründeten »Brücke« und Kunst der DDR und BRD. Drei zeitgenössischen Künstlern mit Dresdner Wurzeln sind eigene Räume gewidmet:

Der Eingang zum Albertinum

A. R. Penck, Georg Baselitz und Gerhard Richter.

In der **Skulpturensammlung** sind bedeutende Werke ab 1800 zu bewundern, u.a. von Ernst Richter und Sascha Schneider, außerdem eine einzigartige Kollektion von Gipsfiguren Rodins sowie Meisterwerke der Antikensammlung (Tel. 49 14 20 00, www.skd.muesum, Di–So 10–18 Uhr).

Brühlscher Garten

Gegenüber kann man im Brühlschen Garten eine Pause einlegen. Der Delphinbrunnen stammt noch aus Brühls Zeiten; die moderne Metallplastik erinnert an Caspar David Friedrich. Einige Stufen führen hinunter zur **Böttger-Stele** 14. August der Starke hielt Johann Friedrich Böttger zunächst auf der Festung Königstein › S. 136 und später dann in Dresden gefangen. »Hier in den Gewölben der alten Dresdener Festung entwickelte Böttger 1708 das Porzellan europäischer Art«, so die Gedenktafel; an der Erfindung hatte aber auch der Naturwissenschaftler Ehrenfried Walther von Tschirnhaus großen Anteil.

Unterhalb des Gartens steht an der Terrassenmauer das älteste Denkmal der Stadt, das **Moritzmonument von 1555**. Das Denkmal zeigt den sterbenden Kurfürsten Moritz, der seinem Bruder August das Kurschwert übergibt.

Synagoge 15

Der 2001 eingeweihte Bau besteht aus zwei nahezu fensterlosen Quadern. Der größere ist in sich in Ost-Richtung gedreht und beherbergt die eigentliche Synagoge, der kleinere das Gemeinde- und Begegnungszentrum. Im Hof eingelassen ist der Grundriss der ursprünglichen, 1938 zerstörten Synagoge von Gottfried Semper (Hasenberg 1, Tel. 802 04 80 oder 656 88 25, Führungen nur nach Voranmeldung).

5 ***Frauenkirche 16

Die 95 m hohe Kuppel der Frauenkirche überragt die Dresdner Altstadt. Kaum zu glauben, dass die Kirche von 1945 bis 1993 ein mahnender Trümmerhaufen war und erst seit 2005 wieder im alten Glanz erstrahlt.

Als August der Starke katholisch geworden war, rissen die Dresdner Bürger die alte (ursprünglich katholische) Kirche ab,

Gebetsrichtung nach Jerusalem: der in sich gedrehte Würfel der Synagoge

um ihr Selbstbewusstsein in einem mächtigen Kirchenbau zu demonstrieren, den sie durch Spenden und den Verkauf von Grabstätten und Logenplätzen in der ersten Empore finanzierten. George Bähr plante – in Anlehnung an italienische Kirchenbauten – eine gewaltige Sandsteinkuppel und schuf damit ein architektonisches Meisterstück, das 1743 fertiggestellt wurde. Fast schien es, als hätte die »steinerne Glocke« das Inferno vom 13. Februar 1945 überstanden, doch fiel sie am Folgetag ausgeglüht in sich zusammen. Erst nach der Wende konnte der Wiederaufbau, dank einer Bürgerinitiative, die einen Großteil der Baukosten von 130 Mio. Euro durch Spenden sammelte, realisiert werden.

Da der Kirchenbau mit einer geringen Grundfläche auskommen musste, strebt der Innenraum mit seinen vielen geschwungenen Emporen auf fünf Ebenen in die Höhe. Der Altar von Johann Christian Feige wurde aus Tausenden von Bruchstücken zusammengefügt und vom Dresdner Bildhauer Vinzenz Wanitschke ergänzt. Darüber erhebt sich die gewaltige Orgel, die äußerlich dem ursprünglichen Werk Silbermanns gleicht. Der Maler Christoph Wetzel hat die barocken Deckengemälde nachgestaltet. Von der Kuppel der Frauenkirche bietet sich ein **eindrucksvolles Panorama der Dresdner Altstadt** (Echt gut!) und des Elbtals (www.frauenkirche-dresden.de, Besichtigung: Mo–Fr 10–12, 13–18 Uhr, Sa, So entsprechend Infotafel vor Eingang C, Kuppel: Mo–Sa 10–18, So 12.30–18 Uhr, im Winter bis 16 Uhr).

*Neumarkt 17

Der Neumarkt gilt als bedeutendstes aktuelles Wiederaufbauprojekt Deutschlands und wurde bereits mehrfach preisgekrönt, obwohl erst die Ostseite fertiggestellt ist. Neben der Frauenkirche ist das barocke **Coselpalais** u. a. mit guten Restaurants wiedererstanden. Ihm schließt sich das sog. Kurfürstenquartier an, dessen Fassaden barocken Bürgerhäusern aus dem 18. Jh. nachempfunden sind. Im Halbkreis schiebt sich daneben eine Häuserzeile in den Platz, bei der auf jede historisch nachgestaltete Fassade eine moderne folgt. Dort wurde das Restaurant **Dresden 1900** (Echt gut!) fast museal mit einem historischen Straßenbahnwagen in der Mitte eingerichtet (An der Frauenkirche 20, Tel. 48 20 58 58, ●●). Daneben präsentiert die Porzellanmanufaktur **Dresdner Porzellan** aus Dresden-Freital › S. 32 ihre meist neobarocken Kreationen.

Auf der Südostseite steht wieder das 1888 abgerissene **Hotel de Saxe.** Vor dem Barockbau daneben erhebt sich das **Denkmal für Friedrich August II.** (1867, von Ernst Hähnel). Ein **Luther-Denkmal** schmückt die Mitte des Platzes; der Kopf stammt von Ernst Rietschel. Im Süden wird der Platz vom als Seniorenresidenz wieder aufgebauten Haus des Komponisten Heinrich Schütz abgeschlos-

Blick vom Johanneum auf die Frauenkirche

sen, in dessen Sandsteinerker originale Reliefs integriert wurden.

An der Westseite lädt die QF-Passage zum Flanieren ein. Während die Fassaden zur Töpfergasse modern sind, wurden jene zum Neumarkt hin historisch gehalten. Im Südwesten sollen weitere Neubauten nach historischem Vorbild folgen und so die Rückseite des Kulturpalasts › S. 76 verdecken.

Zwischen Schloss, Stallhof und Johanneum greift ein Hotel- und Wohnkomplex historische Fassaden, Baukörper, Gassen und Höfe auf (Fertigstellung 2012).

Johanneum 18

Das Johanneum bildet den nordwestlichen Abschluss des Neumarktes. Der Türkenbrunnen vor dem Gebäude, das seinen Namen einem Umbau durch König Johann verdankt, erinnert seit 1683 an die Verdienste Kurfürst Johann Georgs III. bei der Befreiung Wiens von den türkischen Belagerern. Das Haus selbst entstand Ende des 16. Jhs. als kurfürstlicher Pferdestall im Renaissancestil und wurde später mehrmals umgestaltet. 1729 bekam es die doppelläufige Freitreppe. Seit 1956 ist hier das Verkehrsmuseum ansässig. Attraktionen sind die 1861 in Chemnitz gebaute Dampflok »Muldenthal«, **der älteste erhaltene Straßenbahnwagen Deutschlands** und die Oldtimersammlung (Tel. 86440, www.verkehrsmuseum-dresden.de, Di–So 10–17 Uhr).

Echt gut

Info

Einen Überblick über Geschichte und mögliche Zukunft des Neumarkts bietet der **Infopavillon** einer Bürgergesellschaft mit großem Modell gegenüber von Polizeipräsidium und Stadtmuseum (www.neumarkt-dresden.de).

Restaurants

Zahlreiche Lokale rings um den Neumarkt und in der Münzgasse.

■ **Henricus**
Neumarkt 12][Tel. 26 35 96 20
www.restaurant-henricus.de
Das Gourmetrestaurant in der Heinrich-Schütz-Residenz zählt trotz prominenter Lage noch zu den Geheimtipps. ●●●

■ **Kurfürstenschänke**
An der Frauenkirche 13
Tel. 42 44 82 80
www.kurfuerstenhof-dresden.de
Bürgerliche Küche, üppige Torten, im oberen Geschoss prachtvoll mit Dresdner Porzellan ausgestattet. Uriger Zechkeller. ●●

■ **Gasthaus am Neumarkt**
An der Frauenkirche 13
Tel. 32 36 72 10
www.gasthaus-am-neumarkt.de

 Karte Seite 61

Preisgünstigstes Lokal mit sächsischer Küche nahe der Frauenkirche (Eingang Salzgasse). ●

■ **Stracoland**
Neumarkt 2
Untergeschoss der QF-Passage
Tel. 810 40 10][www.stracoland.de
Rustikale Küche mitten im das ganze Jahr über weihnachtlichen Erzgebirgsladen. ●

Vom Mittelalter zur Moderne

– 2 – Altmarkt › Landhaus › Rathaus › Prager Straße › Hauptbahnhof

Dauer: 1–3 Std.
Praktische Hinweise:
Dieser Weg lässt sich an den vorhergehenden Rundgang anschließen. Man erreicht den Altmarkt aber auch bequem mit den Straßenbahnen 1, 2, 4 oder lässt sein Auto in der neuen Tiefgarage stehen. Der Rundgang selbst dauert nur eine Stunde. Zwei weitere Stunden sollte man einplanen, wenn man das Stadtmuseum anschaut oder auf der Prager Straße shoppen gehen möchte.

Altmarkt 19

Der 1370 erstmals urkundlich erwähnte Altmarkt bildete den Kern der mittelalterlichen Stadt: Hier schlugen die Handwerker ihre Verkaufsstände und die Schausteller ihre Jahrmarktsbuden auf; vornehme Patrizierhäuser säumten den Platz. Flächenmäßig ist der Altmarkt nach seiner fast vollständigen Zerstörung von 1945 um mehr als das Doppelte gewachsen. An seiner Ost- und Westseite entstanden in den 1950er-Jahren repräsentative Wohn- und Geschäftshäuser im typischen Stalin-Barock, z. T. mit schönen Sandsteinarkaden. 1969 folgte im Norden der nüchternere Kulturpalast. Die Südseite wurde erst nach der Wende bebaut.

6 *Striezelmarkt

Übers Jahr finden auf dem Altmarkt mehrere Märkte statt, deren schönster der 1434 gegründete ***Striezelmarkt** in der Adventszeit ist. Er gilt als Deutschlands ältester Weihnachtsmarkt. Dann locken Bratwürste und aus den Zapfhähnen fließen Eibauer Schwarzbier und Radeberger Pilsner, verführerisch duften die sächsischen Quarkkeulchen oder echte Pulsnitzer Pfefferkuchen. An den Buden werden geschnitzte Nussknacker aus dem Erzgebirge, Töpferwaren und Leinenwäsche aus der Oberlausitz angepriesen. Kinder erfreut der riesige Adventskalender, die mit 14 m höchste Erzgebirgspyramide der Welt und ein begehbarer Schwibbogen.

Altmarkt-Galerie 20

Von den Arkaden führt über die Webergasse ein Durchgang zur Altmarkt-Galerie, einer Einkaufspassage mit über 200 Geschäften, Restaurants und Cafés. Über dem Torbogen fällt ein typisches Motiv des Sozialistischen Realismus ins

Der schlicht gestaltete Innenraum der Kreuzkirche bei einem Konzert

Auge: eine Mutter, die ihr spielendes Kind auf den Knien hält.

Kulturpalast 21

Der mächtige Kulturpalast ist ein typisches Beispiel für den Zweckstil der Architektur der 1960er-Jahre. Der Festsaal des flachen, quaderförmigen Kastens aus Glas und Beton fasst 2400 Zuschauer. Hier hat die Dresdner Philharmonie ihre Stammbühne. Ab 2012 soll im Inneren umgebaut werden.

Fünfzehn Jahre nach der Wende wurde zur Schlossstraße hin das vorher verhangene überdimensionale Wandbild »Der Weg der roten Fahne« wieder sichtbar gemacht. Gerhard Bondzins Monumentalbild ist eines der wenigen noch erhaltenen Beispiele für Kunst am Bau im Stil des Sozialistischen Realismus.

*Kreuzkirche 22

Die Kreuzkirche ist das einzige alte Gebäude am Platz. Ein Gotteshaus aus dem 12. Jh. war hier dem hl. Nikolaus geweiht. Markgraf Heinrich der Erlauchte stiftete ihm einen Holzsplitter vom Kreuz Christi. Für die Reliquie wurde 1235 die Kreuzkapelle angebaut, deren Name später auf die Kirche überging. Nach dem Stadtbrand von 1491 errichtete man anstelle der alten Basilika eine gotische Hallenkirche, in der 1539 der erste lutherische Gottesdienst in Dresden stattfand. Die Zerstörung durch Preußenkönig Friedrich II. bescherte Dresden einen spätbarock-klassizistischen Neubau. Die schwarze Farbe des Sandsteins rührt allerdings weder von Zerstörungen noch von Luftverschmutzung. Da der Sandstein viel Mangan und Eisen enthält, verrostet er beim Kontakt mit Wasser und erhält so seine schwarze Patina.

Der 1945 bis auf ein Altargemälde völlig zerstörte **Innenraum** wurde bis 1955 in einfacher Form wiederhergestellt. Rechts vom Haupteingang erinnert eine Kapelle an den Komponisten Heinrich Schütz, der 1615 bis 1672 Hofkapellmeister war und der protestantischen Kirchenmusik wichtige Impulse gab. 3500 Menschen finden in der Kirche Platz. Ende der 1980er-Jahre war die Kreuzkirche mit den Friedensgebeten ein Treffpunkt der Opposition gegen das DDR-Regime. Echt gut! Musik erklingt hier heute nicht nur während der Konzerte und Gottesdienste, sondern auch bei den samstäglichen Kreuzchorvespern › S. 51 und beim Orgelvorspiel (Ostern bis 1. Advent Di und Do 15 Uhr) und weiteren Konzerten.

Der Aufstieg über 256 Stufen auf den 92 m hohen **Glockenturm** der Kreuzkirche, den Gottlob August Hölzer 1788 errichten ließ, wird mit einem schönen Blick über die Innenstadt und bei klarem Wetter weit ins Umland hinein belohnt (www.kreuzkirche-dresden.de, Ostern–Okt. Mo bis Sa 10–17.30, So 12–17.30 Uhr, Nov.–Ostern bis 15.30 Uhr).

Weiße Gasse

Die Figur des **Gänsedieb-Brunnens** 23 in der Weißen Gasse geht auf einen gewissen Thomas Platter zurück, der als Schüler um 1512 in der Nähe Dresdens auf frischer Tat beim Gänseklauen ertappt wurde. Der Bildhauer Robert Diez, der auch die beiden großen Brunnen auf dem Albertplatz › S. 92 schuf, hat ihn 1878 verewigt. Ringsherum liegt Dresdens neuestes **Kneipenviertel**.

Restaurants und Nightlife

Der Gänsedieb
Weiße Gasse 1][Tel. 485 09 05
www.gaensedieb.de
Sächsische Küche und Gans. ●●

Rauschenbach Deli
Weiße Gasse 2][Tel. 821 27 60
www.rauschenbach-deli.de
Schicke Lounge. Am Wochenende eine beliebte Brunch-Adresse. ●●

Steiger am Landhaus
Wilsdruffer Straße 4
Tel. 497 69 20
www.steiger-dresden.de
Großes Bierlokal mit rustikalem Erzgebirgsflair. ●●

Café Aha
Kreuzstr. 7][Tel. 496 06 73
www.ladencafe.de
Echt gut! **Preiswerte Bioküche,** Fair-Trade-Kaffee und eine gute Auswahl an vegetarischen Gerichten. ●

*Landhaus 24

Zur Wilsdruffer Straße hin zeigt das ausladende spätbarocke Landhaus seine ehemalige Gartenseite. Das viergeschossige Gebäude mit Mansardendach entstand 1770 bis 1776 als Versammlungshaus der sächsischen Landstände. Das im klassizistischen Stil gehaltene Eingangsportal, dessen sechs dorische Säulen den Balkon tragen, liegt auf der Rückseite. Im Innern des Hauses findet die stattliche Fassade ihre Entsprechung: Eine doppelläufige, reich geschmückte Rokokotreppe führt zur Balustrade hinauf.

Das Landhaus beherbergt mehrere Museen. Das **Stadtmuseum** informiert mit Bildern, Modellen, Architekturfragmenten und Möbelstücken über die wechselvolle Dresdner Stadtgeschichte. Die **Städtische Galerie** zeigt ihre Sammlung von Kunst vor allem des 20. und 21. Jh. sowie Sonderausstellungen im ersten Stockwerk (Tel. 65 64 86 11, Di–So 10 bis 18, Fr bis 19 Uhr).

Gewandhaus 25

Nachdem das alte Gewandhaus am Neumarkt im Siebenjährigen Krieg zerstört worden war, entstand 1768–1770 hier der Nachfolgebau. Das Gebäude diente einst als eine Art Kaufhaus, in dem vor allem mit Textilien gehandelt wurde. Im Untergeschoss befanden sich bis Ende des 19. Jhs. die Dresdner Fleischbänke.

Seit den 1960er-Jahren beherbergt das originalgetreu wiedererrichtete Gewandhaus ein Hotel. An seiner Rückseite steht seit 1966 der **Dinglinger-Brunnen**. Der wuchtige barocke Wandbrunnen stammt aus dem ehemaligen Wohnhaus des Goldschmieds und Hofjuweliers Johann Melchior Dinglinger, der es zu einem großen Vermögen brachte.

Rathaus 26

Das Neue Rathaus mit seinen sechs Innenhöfen bedeckt eine Fläche von 13 000 m² und wurde 1910 vollendet. Sein 98 m hoher **Turm** ist zu einem Wahrzeichen der Stadt geworden. Von der mit Sandsteinfiguren geschmückten Aussichtsplattform in 68 m Höhe

Der 13. Februar 1945

Die Stadt galt als »sicherster Luftschutzkeller des Reiches«. Sie war voll von Flüchtlingen, von Kriegsgefangenen und Verwundeten. Sie alle glaubten, der Ruhm der schönen Stadt würde sie vor Bomben schützen. Winston Churchill und sein Luftmarschall Sir Arthur Harris jedoch verfolgten das Ziel, mit einem Schlag gegen eine bisher unversehrte Großstadt den Rest der Kampfmoral der Deutschen zu brechen und Stalin gleichzeitig die Schlagkraft der westlichen Alliierten zu demonstrieren.

Am frühen Abend des 13. Februar 1945 starteten 245 Lancaster-Bomber von ihren englischen Stützpunkten und nahmen Kurs auf Dresden. Um 21.55 Uhr meldete der Rundfunksprecher aus dem Keller des Albertinums den Anflug starker Luftverbände; um 22.13 Uhr detonierten die ersten Bomben. Eine knappe halbe Stunde dauerte der Angriff, der die Innenstadt in ein flammendes Inferno verwandelte. Am nächsten Tag warfen noch einmal mehr als 500 B-17-Bomber der US-Luftwaffe ihre tödliche Last ab und beschossen die sterbende Stadt mit Bordwaffen. Die ausgeglühte Kuppel der Frauenkirche stürzte in sich zusammen. Die Industriegebiete Dresdens und die Kasernen im Norden blieben dagegen weitgehend unversehrt.

Gerhart Hauptmann beobachtete das Flammenmeer vom Sanatorium Weidner in Oberloschwitz aus. »Wer das Weinen verlernt hat, der lernte es wieder beim Untergang Dresdens«, schrieb er später. Historiker gehen mittlerweile von rund 20 000 Toten aus. Die Innenstadt war nur noch ein riesiges Ruinenfeld. Erich Kästner erkannte seine Heimatstadt nicht wieder und schrieb erschüttert: »Ich stand in einer kilometerlangen, kilometerbreiten Leere. In einer Ziegelsteppe. Im Garnichts.«

wurde 1945 das berühmte Foto aufgenommen, in der die Sandsteinfigur der »Güte« auf das zerstörte Dresden blickt. Auf der Turmspitze thront der vergoldete **Rathausmann**, eine 5 m hohe Herkulesstatue, der als Schutzpatron sein Füllhorn über der Stadt ausschüttet.

Zwei bronzene Löwen bewachen die mit vergoldeten schmiedeeisernen Gittern verzierte **Goldene Pforte** am Rathausplatz. Während der Amtsstunden kann man einen Blick auf das **Jugendstiltreppenhaus** werfen.

Vor dem Eingang zum Ratskeller (derzeit geschl.) reitet der Weingott Dionysos auf einem trunkenen Esel. Seine rechte große Zehe ist blank poliert, denn eine Berührung soll vor den bösen Folgen des Alkoholgenusses schützen.

An der **Trümmerfrau**, die seit 1952 an die Leistungen der Dresdner Frauen in den Nachkriegsjahren erinnert, spaziert man auf dem Dr.-Külz-Ring am Rathaus entlang. Dort findet man an der Straßenbahnhaltestelle Prager Straße ein Kultobjekt aus DDR-Zeiten, das **Vanilleeis der Marke Haselbauer.** Mit der Wende kam zunächst das Aus, bis findige Unternehmer die alte Marke wieder aufleben ließen. Köstlich!

cht gut!

Prager Straße

Beim Karstadt-Gebäude beginnt die Prager Straße, eine belebte Fußgängerzone, die nach 1945 neu erbaut wurde und den Altmarkt mit dem Wiener Platz am

Jugendstiltreppenhaus im Rathaus

Hauptbahnhof verbindet. Die **Centrum-Galerie** 27 mit rund 100 Geschäften greift in ihrer Fassade die Waben-Struktur des alten Centrum-Warenhauses aus DDR-Zeiten auf, das dem neuen Einkaufstempel weichen musste. Am neuen Gebäude verengt sich die Prager Straße dann auf ihre ursprünglichen 18 m – so wie vor 1945. In der Fußgängerzone fällt die Monumentalskulptur »Völkerfreundschaft« auf, die 1986 der Bildhauer Wolf-Eike Kuntsche schuf.

Durch Kaufhäuser mittlerweile etwas versteckt ist das **Rundkino** 28 aus den 1970er-Jahren und der **Ufa-Kristallpalast**, ein futuristisch anmutender Bau der Wiener Stararchitekten von Coop Himmelb(l)au.

Die mächtigen Häuserblöcke entlang dem Boulevard stammen aus den 1970er-Jahren. Die 2008 sanierte Wohnzeile gilt mit über 500 m Länge als eines der längsten Wohnhäuser Deutschlands. Die drei modernen Ibis-Hotel-Hochhäuser › S. 24 stammen ursprünglich ebenso aus der DDR-Zeit wie das heutige Pullman Hotel. Bei letzterem wurde der langweilige Block in ein **schickes Designhotel** verwandelt, mit bis zum Boden durchgezogenen Panoramafenstern und einer gläsernen Dusche mitten im Raum (Prager Strasse 2c, Tel. 481 40, www.pullmanhotels.com).

Echt gut!

Der ***Hauptbahnhof** 29 entstand um 1892 als seltene Kombination aus Kopf- und Durchgangsbahnhof. Er wurde ab 2001 nach Plänen vom britischen Architekten Sir Norman Foster umgebaut und mit einem Teflondach auf der historischen Eisenkonstruktion versehen. Das neue Geschäftshaus gegenüber will an das 1938 abgerissene Kugelhaus › S. 49 erinnern, ist in seiner Architektur allerdings vollständig belanglos.

Westlich des Zentrums

– 3 – Theaterplatz › Landtag › Yenidze › Marcolinipalais › Dresdner Messe

Dauer: 2 Std.

Praktische Hinweise: Mit der Straßenbahn 4, 8 oder 9 beginnt man am besten am Theaterplatz. Autofahrer parken in der Tiefgarage der Semperoper zwischen Oper und Landtag. Am bequemsten ist die Tour mit dem Fahrrad. Vom Endpunkt Messe fährt die Straßenbahn 10 ins Zentrum zurück.

Neue Terrasse

Die sächsischen Parlamentarier haben einen beneidenswerten Blick, vor allem vom Restaurant

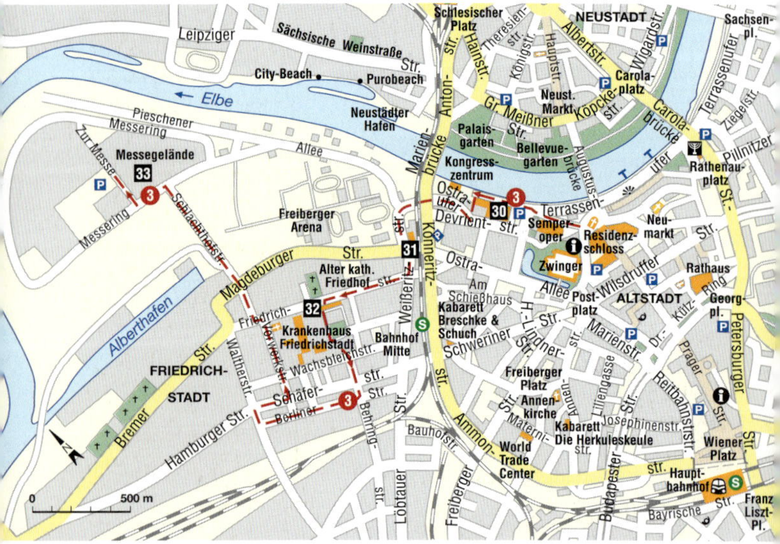

Chiaveri aus, das mit großen Panoramafenstern und Sonnenterrasse das moderne **Landtagsgebäude 30** von Peter Kulka bekrönt. Einblicke in die politische Arbeit kann man beim Besuch im Landtag gewinnen oder aber beim Spaziergang entlang der Terrasse durch die hohe Glasfront des runden Plenarsaals.

Direkt gegenüber erinnert ein Bronzedenkmal (2006) an den russischen Dichter Fjodor Dostojewski, der einige Zeit in Dresden lebte. Der große Bau dahinter ist der 1913 erbaute Erlweinspeicher › S. 48, Sachsens erstes Stahlbetongebäude in Skelettbauweise, heute ein **Kongresshotel** › S. 23. Am **Kongresszentrum** daneben bringt einen die langsam ansteigende rampenartige Terrasse in eine aussichtsreiche Position mit herrlichem Blick auf Dresden.

Yenidze 31

Zigarrenfabrikant Hugo Zietz dachte fortschrittlich: Nicht nur seine Zigarren der Marke »Salem Aleikum« sollten den Traum des Orients verkörpern, sondern auch die Tabakfabrik selbst. Und so beauftragte er den Architekten Hermann Martin Hammitzsch, bis 1909 den Industriebau im Stil Kairoer Moscheen zu errichten. Für den Namen stand das türkische Yenidze Pate, aus dem ein Großteil des verarbeiteten Tabaks stammte. Heute kann man unter der Glaskuppel regelmäßig stimmungsvolle Märchenlesungen › S. 20 erleben.

Friedrichstraße

Die Friedrichstraße macht zunächst einen zerstückelten Eindruck. Liebevoll restaurierte Barockhäuser wechseln sich mit

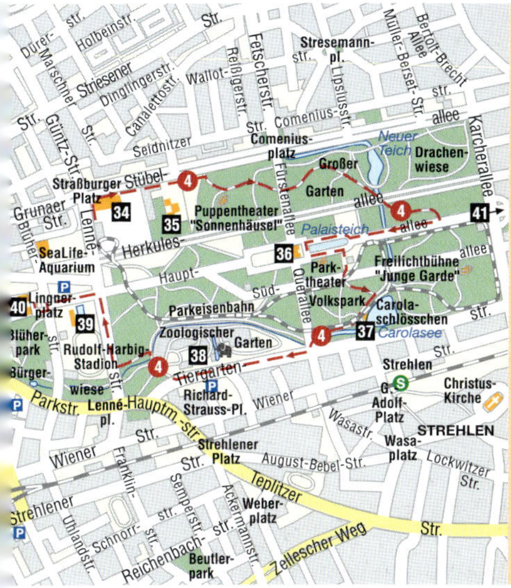

- 3 -
Westlich des Zentrums

- 30 Landtag
- 31 Yenidze
- 32 Marcolinipalais
- 33 Dresdner Messe

- 4 -
Rund um den Großen Garten

- 34 Gläserne Manufaktur
- 35 Botanischer Garten
- 36 Gartenpalais
- 37 Carolasee
- 38 Zoo
- 39 Stadion und Georg-Arnhold-Bad
- 40 Deutsches Hygiene-Museum
- 41 Panometer

Ruinen, Baulücken oder überdimensionierten Bürogebäuden ab. Und doch lohnt sich der Besuch. Im Gartenhaus der Nr. 44 wurde der Maler **Ludwig Richter** geboren. Schräg gegenüber markiert eine Bronzetafel eine der Dresdner Wohnungen von Richard Wagner. Das Gebäude gehört schon zum Komplex des **Marcolinipalais** 32. Napoleon wohnte hier 1813 für ein paar Tage; die von ihm genutzten Räume sind noch gut erhalten (Besichtigung nach Anmeldung: Tel. 480 31 04). Im 19. Jh. wurde das Palais erst Lazarett, dann Krankenhaus. Als solches ist es eingeschränkt zugänglich.

Am Ende des Krankenhausgartens versteckt sich der lange vernachlässigte **Neptun-Brunnen** (1744), Dresdens größte barocke Brunnenanlage.

Gegenüber dem Krankenhaus lohnt der **Alte katholische Friedhof** einen Besuch, auf dem berühmte Persönlichkeiten wie der Komponist Carl-Maria von Weber oder der Maler Casanova, Bruder des berüchtigten Frauenhelden, begraben sind.

Der Neptun-Brunnen ist Dresdens größte barocke Brunnenanlage

Der evangelische Friedhof breitet sich hinter der **Matthäuskirche** von 1730 mit ihrem Zwiebelturm aus. Entworfen hat das Gotteshaus Zwingerbaumeister Pöppelmann, der hier auch begraben liegt (Tel. 496 19 66, nur selten geöffnet).

Ein Abstecher in die **Berliner Straße 60** führt zu weiterer Kunstprominenz. Hier mietete sich 1905 »die Brücke« ein. Ernst Ludwig Kirchner, Erich Heckel, Karl Schmitt Rottluff und Fritz Bleyl ließen sich von der Atmosphäre des Arbeiterviertels inspirieren.

Dresdner Messe 33

Am Alberthafen kann man die maritime Atmosphäre im **Fischhaus** bei einem entsprechenden Mahl noch steigern (Magdeburger Str. 58, Tel. 498 21 10, ●●). Über die Elbflutrinne erreicht man von hier das Messegelände. Stadtbaurat Hans Erlwein errichtete von 1902 bis 1910 einen aus 68 Gebäuden bestehenden Schlachthof. Das Gelände ist Schauplatz des biographischen Romans »Schlachthof 5« (1969) des Amerikaners **Kurt Vonnegut**.

Seit 1999 sind die meisten Gebäude in einer gelungenen Synthese aus Alt und Neu in die neue Messe integriert. Alljährlich bespielt das **Kunstprojekt »Ostrale«** Echt gut einige Gebäude mit Installationen (www.ostrale.de). Dinnertheater und Partys gibt es am Messeteich im **Erlwein Capitol** (www.ostrapark.de).

Rund um den Großen Garten

– 4 – Straßburger Platz › Gläserne Manufaktur › Botanischer Garten › Gartenpalais › Carolasee › Zoo › Deutsches Hygiene-Museum

Dauer: 4–6 Std.
Praktische Hinweise: Startpunkt ist der Straßburger Platz, mit der Straßenbahn (1, 2, 4, 10, 12, 13) gut erreichbar. Genügend Parkplätze gibt es entlang der Cockerwiese zwischen Hygiene-Museum und Gläserner Manufaktur. Nur freitags wird es hier eng, denn da findet ein Wochenmarkt statt.

Der Großen Garten ist eine ausgedehnte grüne Oase mitten in der Stadt, wo man spaziert, radelt, sich sonnt, faulenzt oder flirtet. Rund 1500 **Skulpturen** aus Sandstein und Marmor zierten ihn im 18. Jh. Einige davon sind noch erhalten, z. B. die Üppigkeitsvase an der Südostseite des Palaisteiches. Sie zeigt Szenen aus dem Leben Alexanders des Großen. Der Italiener Antonio Corradini hat sie wie die Kentaurengruppen auf der anderen Seite des Palais 1722 geschaffen. Prominent steht dort auch die Skulptur »Die Zeit entführt die Schönheit« von Pietro Balestra. Jüngeren Datums ist der

Die Gläserne Manufaktur von VW

Mosaikbrunnen nahe der Hauptallee; Hans Poelzig schuf ihn 1926 für die Gartenbauausstellung.

*Gläserne Manufaktur 34

An der Ecke zum Straßburger Platz entstand Ende des 19. Jh. ein Ausstellungspalast, in dem 1911 die »Internationale Hygiene-Ausstellung« stattfand – Anstoß für den Bau des Deutschen Hygiene-Museums › S. 86. Heute besetzen die futuristischen Gebäude der Gläsernen Manufaktur des Volkswagenwerks mit dem 40 m hohen Glasturm den Platz. Seit Juni 2002 werden hier täglich bis zu 50 Exemplare des Luxusautos »Phaeton« gefertigt. Die Fahrzeugmontage erfolgt auf mehreren Etagen, die Autos ziehen auf einem beweglichen Holzparkettboden vorbei und die Arbeiter tragen weiße Handschuhe. Die Anlieferung der Teile besorgt eine umweltfreundliche Güterstraßenbahn. Die Pro-

Das Gartenpalais im Zentrum des Großen Gartens

duktion kann man bei einer Führung oder vom Gourmetrestaurant **Lesage** aus beobachten (Lennéstr. 1, Tel. 420 42 50, ●●●). Im Foyer stehen historische Fahrzeuge (Tel. 0 18 05/89 62 68, www.glaesernemanufaktur.de, Besichtigung nach Anmeldung).

Botanischer Garten 35

Auf mehr als 3 ha Grundfläche sind hier ca. 9000 Pflanzenarten beheimatet. In vier **Schauhäusern** gedeihen Gewächse aus tropischen und subtropischen Gebieten. Auch das schön angelegte Freigelände lohnt den Besuch (April–Sept. 8–18, Gewächshäuser 10–18 Uhr, Okt., März 10–17, Nov., Febr. 10–16, Dez., und Jan. 10–15.30 Uhr; Eintritt frei).

*Großer Garten

Der Große Garten ist mit 2 km Länge und 1 km Breite der größte Park der Stadt. Er wurde Ende des 17. Jhs. im französischen Stil als Lustgarten angelegt. Später gestaltete man ihn zum Landschaftsgarten um. Heute ist es ein echter Volksgarten mit zahlreichen kulturellen Veranstaltungen im Sommer, u.a. in der Freilichtbühne »Junge Garde« aus den 1950er-Jahren, im barocken Parktheater oder im Puppentheater »Sonnenhäusel«.

Seit den 1950er-Jahren durchquert die **von Schülern betriebene Parkeisenbahn** den Großen Garten. Gezogen von einer fauchenden grünen Minidampflok, Baujahr 1925, oder einer der moderneren Elektroloks rattert man durch den Park. Für die 5,6 km lange Runde braucht der Liliputzug eine halbe Stunde. Aus- und einsteigen kann man in fünf Bahnhöfen (Tel. 445 67 95, www.parkeisenbahn-dresden.de, Apr. bis Okt. tgl. 10–18, Schulferien Mo erst ab 13 Uhr).

Echt gut

*Gartenpalais 36

Im Zentrum des Großen Gartens steht das Gartenpalais. Der dreigeschossige Bau mit seinem H-förmigen Grundriss wurde von außen in alter Pracht restauriert. Das Palais gilt als frühester Barockbau in Kursachsen. Es entstand 1678 bis 1683 nach Plänen des Oberlandbaumeisters Johann Georg Starcke. Gegliederte, mit Sandsteinplastiken geschmückte Fassaden belegen die Anlehnung an französische Vorbilder. An den Seiten führen Freitreppen zu den Festsälen hinauf, deren prachtvolle Ausstattung 1945 vernichtet wurde. Im Erdgeschoss zeigt die Ausstellung »Permoser im Palais« Originale sächsischer Barockplastiken, die an ihrem ursprünglichen Standort oft durch Kopien ersetzt wurden. Im Festsaal finden Konzerte statt (Tel. 445 66 00, www.schloesser-dresden.de, Führungen April–Okt. Mi und So 14.30 Uhr).

Parktheater

Das Theater wurde als Freilichtbühne angelegt und schon 1719 in Gegenwart Augusts des Starken eröffnet. Die drei Sandsteinskulpturen aus der Werkstatt Permosers in der Nähe der Bühne, Dionysos, Satyr und Faun, symbolisieren barocke Sinnesfreude.

Skulpturenpark

Rund 1500 Skulpturen aus Sandstein und Marmor zierten im 18. Jh. den Großen Garten. Einige davon sind noch erhalten, z. B. die Üppigkeitsvase an der Südostseite des Palaisteiches. Sie zeigt Szenen aus dem Leben Alexanders des Großen. Der Italiener Antonio Corradini hat sie wie die Kentaurengruppen auf der anderen Seite des Palais 1722 geschaffen.

Die Statuengruppe »Herkules und Drache im Garten der Hesperiden« am Ostende der Herkulesallee zeigt, wie Herkules mit dem Drachen Ladon kämpft, um an die goldenen Äpfel heranzukommen.

Carolasee 37

An seinen Ufern kann man unter den mächtigen Kastanienbäumen spazieren gehen und dem Getümmel der Enten auf dem Wasser zusehen. Die blauen Ruderboote, die man von März bis Mitte Oktober mieten kann, setzen fröhliche Farbtupfer im satten Grün. Wer nicht selbst in See stechen möchte, schaut den anderen vom weitläufigen Biergarten aus zu: Das stilvolle Carolaschlösschen in schöner Lage am See ist seit 1895 ein **beliebtes Ausflugsrestaurant** (Tel. 250 60 00, www.carolaschloesschen.de ●●). Echt gut!

Zoo 38

Rund 400 Tierarten sind im viertältesten Zoo Deutschlands zu sehen (gegründet 1861). Dresden ist bekannt für seine vielen Affen und Menschenaffen. Weitere Attraktionen sind das Raubtierhaus, die riesige Vogelvoliere und das moderne Afrikahaus mit Elefanten und Savannenlandschaft. Seit kurzem stolzieren auch wieder Giraffen durch das Gelände.

Kinder lieben besonders das Streichelgehege und die Speisekammer, die ein Tummelplatz für Mäuse ist (Tiergartenstraße 1, Tel. 47 80 60, www.zoo-dresden.de, Sommer tgl. 8.30–18.30, Winter 8.30–16.30 Uhr).

Stadion und Georg-Arnhold-Bad 39

Westlich des Großen Gartens steht die Spielstätte des Fußballklubs Dynamo Dresden, die 2008 komplett umgebaut wurde. Das Georg-Arnhold-Bad nebenan hat ein Freibad und einen ganzjährig geöffneten Hallenbereich mit Sport-, Plansch- und Erlebnisbecken (Hauptallee 2, Tel. 494 22 03, Kernzeiten tgl. 12–22 Uhr).

Restaurant

Torwirtschaft

Lennéstr. 11][Tel. 459 52 02

In der Nähe, am Westeingang des Großen Gartens, lädt die Torwirtschaft zum Verweilen ein. Das nach Originalplänen wieder aufgebaute Gartenrestaurant verfügt über **einen der schönsten Biergärten der Stadt.**

Echt gut!

7 **Deutsches Hygiene-Museum 40

Der historische Name des Museums weckt falsche Erwartungen, denn hier wird nicht langweilig aufgeklärt, sondern beim »Abenteuer Mensch« erlebt man das wohl spannendste Mitmach-Museum Sachsens. Die monumentale vierflügelige Anlage des Deutschen Hygiene-Museums wurde 1928 bis 1930 nach Plänen von Wilhelm Kreis errichtet. Eine Sensation war bei seiner Einweihung die »Gläserne Frau«, die auch heute noch den Ausstellungsrundgang eröffnet. Seit 2005 ist die neue ständige Ausstellung im von Peter Kulka architektonisch überarbeiteten Bau zu sehen. Die hervorragend gemachte Ausstellung behandelt Themen wie Essen und Trinken, Geburt und Tod oder Sexualität mit beeindruckenden Installationen, überraschenden Exponaten und ungewöhnlichen Experimentierstationen. Exzellent gemacht sind auch die thematischen Sonderausstellungen.

Besonders viele Mitmachgelegenheiten und Exponate zum Anfassen bietet das **Kindermuseum** im Erdgeschoss (Lingnerplatz 1, Tel. 484 60, www.dhmd.de, Di bis So, Fei 10–18 Uhr).

Abseits der Tour: *Panometer 41

Einen Abstecher lohnt unbedingt das Panometer. Der deutsch-persische Künstler Yadegar Asisi lädt in einem umgebauten Gasometer in Reick zu einer Zeitreise ein. Der Besucher wird in das antike Rom versetzt, inklusive Wechsel der Tageszeiten. Eine Begleitausstellung vertieft den überwältigenden Eindruck (Gasanstaltstr. 8 b, Tel. 860 39 40, www.asisi-factory.de, Di–Fr 9–19, Sa, So 10–20 Uhr, vom nördlichen Ende des Großen Gartens fährt man mit den Straßenbahnen 1 oder 2 bis Liebstädter Straße).

Die Neustadt und nördlich der Elbe

Nicht verpassen!

- Buttermilch und Rotwein in Pfund's Molkerei trinken
- Dresdner Kunst in den Galerien entdecken
- Kneipenbummel in der Äußeren Neustadt
- Den schönsten Blick auf Dresdens Stadtpanorama vom Neustädter Elbufer aus genießen

Zur Orientierung

Die Dresdner Neustadt und die nördlichen Stadtteile liegen oftmals im Schatten der an großartigen Bauten reichen Altstadt. Seit der Wende ist die Gegend wieder Ort eines pulsierenden urbanen Lebens, das an vielen Stellen ein weit authentischeres Bild Dresdens gibt, als die überwiegend touristisch ausgerichteten Teile der Altstadt.

In der Inneren Neustadt mit der Haupt- und Königsstraße als Magistrale ist ein Stück barockes Dresden vom Krieg verschont geblieben. Das Viertel lädt zum Bummel durch Geschäfte, Galerien und Cafés ein.

August der Starke als Goldener Reiter auf dem Neustädter Markt

Die Äußere Neustadt ist weit mehr als ein Szene- oder Kneipenviertel. Vom bettelnden Punk bis zum adretten Architekten, von der WG-Studentin über die junge Familie bis zur schon seit Jahrzehnten hier lebenden Oma ist in diesem Viertel die wohl vielfältigste und im Durchschnitt jüngste Bevölkerung der Stadt zu Hause. Viele internationale Lokale zeigen die kulturelle Vielfalt des Quartiers, das auch architektonisch viele Reize zu bieten hat. Hinzu kommt eine Vielzahl kleiner Läden und Boutiquen, die sich wohltuend vom eintönigen, innenstadttypischen Filialkonzept der großen Ketten abheben. Hier macht Shoppen richtig Spaß, auch wenn man darauf vorbereitet sein sollte, dass die Läden völlig unterschiedliche Öffnungszeiten haben. Die meisten öffnen erst am späten Vormittag und schließen unter der Woche zwischen 19 und 20 Uhr, samstags bereits um 16 Uhr. Ein weiteres Markenzeichen des Viertels sind die vielen Lebensmittelgeschäfte mit Spätverkauf.

Der Neustädter Markt (Straßenbahnen 4, 8, 9) und der Albertplatz (Straßenbahnen 3, 6, 7, 8, 11) sind die Verkehrsknotenpunkte der Gegend. Eine Haltestelle vom Albertplatz entfernt hat man am Bahnhof Neustadt außerdem Anschluss an das Fernbahnnetz.

Touren in der Neustadt

Barockidylle jenseits der Elbe

– 5 – Augustusbrücke › Jägerhof › Albertplatz › Japanisches Palais

Dauer: 2–3 Std.
Praktische Hinweise: Die Tour ist ideal mit dem Rundgang durch »Das klassische Dresden« › S. 60 kombinierbar. Ausgangs- und Endpunkt ist die Augustusbrücke (Straßenbahn 4, 8, 9). Am Albertplatz lässt sich die Tour unterbrechen, um den Rundgang »Äußere Neustadt« › S. 96 einzuschieben.

*Augustusbrücke 1

Den Auftakt dieses Weges bildet die sandsteinerne Augustusbrücke, die die Altstadt mit der Neustadt verbindet. Mit ihren damals 23 Bogen war sie im Mittelalter die längste Gewölbebrücke Europas. Der zunehmende Verkehr an Straßenbahnen und Pferdeeisenbahn machte Anfang des 20. Jhs. eine neue Brücke notwendig, die man erneut aus Sandstein baute. Zur Brückensicherung wurde 1755 das **Blockhaus 2** gebaut, auch bekannt unter dem Namen »Neustädter Wache«. Das Blockhaus dient der Sächsischen Staatsregierung als Fest- und Konferenzhalle.

Wohl auch wegen des herrlichen Blicks flankieren gleich zwei **Biergärten** den Brückenkopf auf Neustadtseite: Östlich der »Augustusgarten« und westlich der »Elbsegler« des Hotels Bellevue, der im Sommer donnerstags zur Chillout-Party einlädt.

*Goldener Reiter 3

Leuchtend, überlebensgroß, im römischen Schuppenpanzer und mit wehendem Haar reitet August der Starke ein sich aufbäumendes Pferd. Der Schmied Ludwig Wiedemann trieb das Denkmal in Kupfer, dann wurde es feuervergoldet. Seit 1736 steht es an seinem Platz, mit zwei Unterbrechungen: 1944 wurde das Denkmal in Sicherheit gebracht und 2002 umfassend restauriert.

Jägerhof 4

Der Jägerhof, den sich Kurfürst August um 1600 als Quartier für die Jagd in der Dresdner Heide bauen ließ, ist einer der wenigen erhaltenen Renaissancebauten in Dresden. Seit 1913 residiert hier das **Museum für Sächsische Volkskunst** mit einer Puppentheatersammlung. Außerdem präsentiert es bunt bemalte Schränke und Truhen, Kupfer- und Zinngeschirr, Trachten aus der Oberlausitz und erzgebirgische Schnitzereien. Beliebt sind auch die Schaukästen mit geschnitzten weihnachtlichen oder bergmän-

– 5 –
Barockidylle jenseits der Elbe

- **1** Augustusbrücke
- **2** Blockhaus
- **3** Goldener Reiter
- **4** Jägerhof
- **5** Kügelgen-Haus
- **6** Societaets-theater
- **7** Dreikönigs-kirche
- **8** Neustädter Markthalle
- **9** Albertplatz
- **10** Erich-Kästner-Museum
- **11** Japanisches Palais

– 6 –
Durch die Äußere Neustadt

- **12** Scheune
- **13** Festspielhaus
- **14** Deutsche Werkstätten Hellerau
- **15** Militärhistorisches Museum
- **16** Garnisonskirche
- **17** Villa Timaeus
- **18** Kunsthofpassage
- **19** Abenteuerspielplatz Panama
- **20** Pfunds Molkerei
- **21** Carte Blanche
- **22** Alter Jüdischer Friedhof
- **23** Martin-Luther-Kirche

nischen Szenen, die sich auf Knopfdruck bewegen (Köpckestr. 1, Tel. 49 14 45 02, www.skd.museum, Di–So 10–18 Uhr).

*Hauptstraße

In der Mitte der Hauptstraße verläuft eine von Platanen gesäumte Promenade mit einladenden Bänken. Barockfiguren säumen den Weg. Sie zierten bis 1926 den Zwinger. Viele neue Geschäfte, die Markthalle und traditionsreiche Händler machen die Straße für einen entspannten Einkaufsbummel interessant.

Kügelgen-Haus 5

Das gelbe Haus mit der Nr. 13 ist nach dem Maler Gerhard von Kügelgen benannt. Alles, was in der sächsischen Romantik Rang und Namen besaß, traf sich in seinem Haus: die Malerfreunde Caspar David Friedrich und Georg Friedrich Kersting, der malende Arzt und Naturphilosoph Carl Gustav Carus und der junge Dichter Theodor Körner, Sohn des Dresdner Juristen, Literaten und Mäzens Christian Gottfried Körner. Auch Johann Wolfgang Goethe und Heinrich von Kleist schauten gern auf einen Plausch bei Kügelgen herein.

Das **Museum zur Dresdner Romantik** in der zweiten Etage zeigt Exponate aus dem Biedermeier wie auch Wohnraum und Atelier Gerhard von Kügelgens (Hauptstr. 13, Tel. 804 47 60, www.stmd.de, Mi–So 10–18 Uhr). Im Erdgeschoss sind die Läden einer Goldschmiedin und einer Glasgestalterin, ein Antiquariat und ein Restaurant untergebracht.

Societaetstheater 6

Biegt man vor der Dreikönigskirche links ab und tritt gleich in den nächsten Hof, steht man vor dem Societaetstheater, einem Kleinod der Dresdner Kulturszene. 1779 war es das erste bürgerliche Theater der Stadt. Heute bespielt es zwei Bühnen mit modernen Stücken, Konzerten und Lesungen (An der Dreikönigskirche 1a, Tel. 803 68 10, www.societaetstheater.de; Vorverkauf: Mo–Fr 14–19, Sa 10–19 Uhr). Neben dem Theater steht ein barocker Pavillon mit romantischem Kräutergarten.

Dreikönigskirche 7

Die 1732 bis 1739 entstandene Kirche ist eine Gemeinschaftsarbeit von Matthäus D. Pöppelmann und George Bähr und war bis zu ihrer Zerstörung 1945 eine der größten Gotteshäuser Dresdens. Heute nimmt der Gottesdienstraum im zum kirchlichen Kommunikationszentrum umgebauten Haus nur noch einen kleinen Teil ein. Außer dem Barockaltar von Benjamin Thomae von 1741 ist hier auch der **Dresdner Totentanz** zu sehen. Der 12,5 m lange, vierteilige Renaissancefries war bis zum Brand von 1701 am Georgentor des Schlosses angebracht. Vom Turm hat man einen schönen Rundblick (Eingang Rebeccaplatz, www.hdk-dkk.de, März bis Okt. Di 11.30–16, Mi–Sa 11–17, So 11.30–17 Uhr, sonst Mi 12–16, Do–Fr 10–16, So 11.30–16 Uhr).

Echt gut!

Der Artesische Brunnen vor dem ältesten Hochhaus der Stadt

Neustädter Markthalle 8

Gegenüber der Dreikönigskirche steht die große Markthalle, die 1899 auf einem ehemaligen Kasernengelände eröffnet wurde. Im eindrucksvollen Gründerzeitbau werden u.a. sächsische Spezialitäten angeboten (Ecke Metzer Str., Mo–Fr 8–20, Sa 8–18 Uhr, www.markthalle-dresden.de). Am nördlichen Ende der Hauptstraße locken mehrere Restaurants mit Sommerterrassen zur Rast.

Restaurants

■ **L'Art de vie**
An der Dreikönigskirche 1 a
Tel. 802 73 00][www.l-art-de-vie.de
In der Theaterkneipe im Societaetstheater kann man wunderbar den Tag ausklingen lassen. ●●

■ **Winzerstube Zum Rebstock**
Hauptstr. 17][Tel. 563 35 44
www.winzerstube-zum-rebstock.de
Das Restaurant hat nicht nur einen passenden Wein zur sächsischen Küche. ●

Albertplatz 9

Der Albertplatz ist eine riesige, begrünte Verkehrsinsel. Eine Pause kann man auf den Bänken um die zwei großen runden, figurengeschmückten Monumentalbrunnen von 1894 machen. Sie symbolisieren die Stürmischen Wogen und die Stillen Wasser. Der **Artesische Brunnen** am nördlichen Ende wurde Anfang des 19. Jhs. zur Trinkwasserversorgung der Neustadt gebohrt. Sein Wasser speist auch die Fontäne im tempelartigen Rundbau, den Stadtbaurat Erlwein 1906 entwarf. Gegenüber erhebt sich das erste **Dresdner Hochhaus**. Errichtet wurde der elfgeschossige Stahlskelettbau 1929. Eine Generation älter ist das prächtige Haus mit Dachvasen an der Ostseite des Platzes, die **Eschenbachsche Villa**. Sie wurde 1901 für den Fabrikanten und Kunstmäzen Carl Eschenbach gebaut und beherbergt heute eine Bank.

Sitz des **Erich-Kästner-Museums** 10 ist die Villa Augustin an der Westseite des Platzes. Als Bronzefigur sitzt der junge Kästner auf der Mauer und betrachtet das Treiben. Im interaktiven »micromuseum« kann man sich über Leben und Werk Kästners informieren (Antonstr. 1, Tel. 804 50 86, www.erich-kaestner-museum.de, So–Di 10–18, Mi 10–20 Uhr).

*Königstraße

Vom Albertplatz führt die unter Pöppelmanns Leitung 1724 bis 1732 erbaute und in den 1990er-Jahren sanierte Prachtmeile der Neustadt, die Königstraße, zurück zur Elbe. Im Grünstreifen versteckt sich das **Schiller-Denkmal** des Dresdner Jugendstilkünstlers Selmar Werner (1905). Barocke Bürgerhäuser mit Hauszeichen aus dem 18. Jh., historische Straßenlaternen und eine kopfsteingepflasterte Fahrbahn, von kleinen Bäumen gesäumt, sind eine wahre Augenweide! Die Königstraße gehört denn auch zu den bevorzugten Adressen von Boutiquen, Galerien und guten Restaurants wie auch von Architektur- und Immobilienbüros. In der Nr. 15 hat das Kulturrathaus der Stadt seinen Sitz. Der ehemalige Ballsaal im ersten Stock bildet den Rahmen für Konzerte und Lesungen.

Mit alten Linden und dem Rebeccabrunnen strahlt der Platz hinter der Dreikönigskirche viel Ruhe aus. Gegenüber dem Gotteshaus mündet die Nieritzstraße in die Königstraße mit **Dresdens einziger Häuserzeile im Biedermeier-Stil.**

Echt gut!

Zur gleichen Zeit wie die Königstraße wurde an ihrem südwestlichen Ende der weiträumige **Palaisplatz** angelegt. Die Gebäude an Ost- und Südseite wurden 1945 ausgebombt. Das klassizistische Torhaus ist eines von ursprünglich zweien, die 1829 das zur Stadtfestung gehörende Weiße Tor ersetzten.

Restaurants

■ Cuchi
Prisco-Passage im Wallgässchen
Tel. 862 75 80][www.cuchi-dresden.de
Die fernöstliche Küche versteht sich auf Vietnamesisches und Japanisches. Für das Büfett (So und Mi) sollte man unbedingt reservieren. ●●

■ Mama Africa
Wallgässchen 2][Tel. 563 56 56
www.mama-africa.de
Auf der Karte stehen Strauß, Hai und Krokodil, aber auch weniger Exotisches. ●●

■ Wenzel
Königstr. 1][Tel. 804 20 10
www.wenzel-bierstuben.de
Böhmische Spezialitäten und Prager Bier in alten Gewölben. Von Dienstag bis Donnerstag gibt's günstige Tagesgerichte. ●●

■ Watzke-Brauereiausschank Am Goldenen Reiter
Hauptstraße 1][Tel. 8 10 68 20
www.watzke.de
Das Ballhaus Watzke im Stadtteil Pieschen ist ein beliebter Treffpunkt im Dresdner Westen › S. 27. Doch auch im Stadtzentrum kann man das hausgebraute Watzke-Bier und die deftigen Speisen genießen – direkt gegenüber vom Goldenen Reiter mit Blick auf die Frauenkirche. ●●

Restaurant St. Petersburg
Hauptstraße 11][Tel. 5 63 32 33
www.st-petersburg-dd.de
Das Restaurant mit russischer Küche ist nach einer Partnerstadt Dresdens benannt. ●●

■ Kantine der Firma Dussmann
Königstraße 5][Tel. 819 27 50
Die öffentliche Kantine ist ein nettes Bistro und mittags eine gute wie günstige Alternative. ●

Echt gut!

Karte Seite 90

Kurfürst August

365 Kinder soll der Mann mit seinen ungezählten Mätressen gezeugt haben. So jedenfalls weiß es die Legende, die sich um den Kurfürsten Friedrich August I. – August den Starken – rankt. Als zweitgeborener Prinz hatte er viel Zeit zu reisen: Bei Aufenthalten in Venedig, Paris und Madrid erwarb er sich Bildung, Kunstverstand und Weltläufigkeit. Nach dem plötzlichen Tod seines älteren Bruders gelangte er 1694 mit 24 Jahren überraschend auf den Thron.

August war mit seinen 1,76 m für die damalige Zeit ein Riese, dem dazu noch ungewöhnliche Körperkräfte nachgesagt wurden. Er liebte es aufwendig und extravagant: Prunk, Jagd, Gelage und Feuerwerke waren an seinem Hof an der Tagesordnung und er trug die größte Porzellansammlung und eine der größten Schatzkammern der Welt zusammen. Obwohl er seit 1693 mit Christiane Eberhardine von Brandenburg-Bayreuth verheiratet war, warf er gern begehrliche Blicke auch auf andere Schönheiten. Da war zum Beispiel die junge, schöne Schwedin Aurora von Königsmarck, die Äbtissin des Stifts Quedlinburg werden sollte, jedoch plötzlich schwanger wurde.

Augusts wohl berühmteste Mätresse war Anna Constantia von Brockdorff (1681–1765), besser bekannt als Gräfin Cosel. Vier gemeinsame Kinder konnten nicht verhindern, dass die intelligente Frau in Ungnade fiel und hinter den Mauern der ungemütlichen Festung Stolpen verschwand. Sie hatte sich nach Meinung einiger Höflinge zu massiv in die Politik eingemischt.

Bei den Feierlichkeiten zur Hochzeit seines Sohnes traf Vater August 1719 die junge Henriette von Osterhausen, mit der er noch einmal stürmische Wonnemonate verlebte. Sie ging als letzte seiner Mätressen in die Geschichte ein. Acht uneheliche Kinder hat August der Starke offiziell anerkannt, weitere Nachkommen sind nachgewiesen. Dennoch: Auf die legendären 365 Kinder dürfte es der lustvolle Herrscher wohl nicht gebracht haben.

 Karte Seite 90

Rähnitzgasse

Durch die Passage auf Höhe der Königstraße 8 gelangt man in die Rähnitzgasse mit ihren barocken Bürgerhäusern. Hier und in den Seitengassen haben sich etliche Galerien angesiedelt, darunter das **Kunsthaus Dresden**, die **beste Adresse für Gegenwartskunst** in der Stadt (Rähnitzgasse 8, Tel. 804 14 56, www.kunst-haus-dresden.de, Di–Do 14–19, Fr–So, Fei 11–19 Uhr). Die **Galerie Sybille Nütt** hat sich auf Dresdner Maler spezialisiert (Obergraben 10, Tel. 252 95 93, www.galerie-sybille-nuett.de, Mo–Fr 11–18, Sa 10–15 Uhr).

cht gut!

*Japanisches Palais 11

In dem 1715 nach einem Pöppelmann-Entwurf errichteten Gebäude ist heute das **Völkerkundemuseum** untergebracht. August der Starke kaufte das Palais und quartierte hier seine erlesene Porzellansammlung ein. Die wertvollen japanischen und chinesischen Stücke sollten eine stilvolle Umgebung finden.

Bei den Erweiterungsbauten brachte man 1733 orientalische Gestaltungselemente an – damals der letzte Schrei. Aus dem zunächst eher bescheidenen Schloss wurde eine mächtige spätbarock-klassizistische Vierflügelanlage mit chinesischen Figuren aus Sandstein und pagodenähnlich geschweiften Kupferdächern, die ihm den Namen Japanisches Palais einbrachten.

Das 1733 von Benjamin Thomae gestaltete **Giebelrelief** verweist noch auf die einstige Bestimmung des Palais: Es zeigt, wie der personifizierten Saxonia Porzellangefäße überreicht werden. Ende des 18. Jhs. verebbte die Asien-Welle wieder, nun war die griechische Antike en vogue. Dies belegen die **Wandmalereien** Sempers von 1836 in den Sälen des Erdgeschosses.

Das Japanische Palais

Der berühmte Canalettoblick vom Neustädter Ufer

Die Sammlung des **Museums für Völkerkunde**, das in den 1950er-Jahren einzog, geht zurück auf die 1560 von Kurfürst August angelegte »Kunstkammer« mit exotischen Exponaten aus aller Welt. Im 19. Jh. erweiterte man den Fundus um eine ethnographische Sammlung. Die Schwerpunkte der heutigen Kollektionen mit über 90 000 Objekten liegen auf Ozeanien, Indonesien, Westafrika sowie Südamerika. Auch die Senckenberg Naturhistorische Sammlungen stellen im Palais aus (Palaisplatz 11, Tel. 814 48 41, www.voelkerkunde-dresden.de, Di–So 10–18 Uhr).

Palais- und Bellevuegarten

Rund um das Japanische Palais erstreckt sich eine schöne, ruhige Parkanlage. Die beiden alten **Platanen** im Mittelteil stammen, wie der Garten selbst, aus dem 18. Jh. Von der Rampe der ehemaligen Bastion aus bietet sich ein romantischer Blick auf das Japanische Palais und die sich prachtvoll jenseits der Elbe erstreckende vieltürmige Altstadt.

Diesen Blick kann man auf dem Promenadenweg an der Elbe aus wechselnden Perspektiven genießen. Ein kleiner Pavillon mit Glockenspiel markiert in etwa die Stelle, von der aus Bernardo Bellotto seinen berühmten **»Canalettoblick«** malte. Ein Stück weiter durchquert man die 1985 von Japanern angelegten Hotelgärten des »Bellevue« und erreicht dann mit der Augustusbrücke wieder den Ausgangspunkt.

Echt gut

Durch die Äußere Neustadt

– 6 – Albertplatz › Scheune › Hellerau › Militärhistorisches Museum › Garnisonskirche › Villa Timaeus › Kunsthofpassage › Pfunds Molkerei › Alter Jüdischer Friedhof › Albertplatz

Dauer: 1 Tag

Praktische Hinweise: Der Albertplatz ist mit der Straßenbahn (3, 6, 7, 8, 11) bestens zu erreichen. Die Tour lässt sich gut mit dem Rundgang »Barockidylle jenseits der Elbe« › S. 89 kombinieren. Ohne Hellerau und das militärhistorische Museum lässt sich die Tour auch gut am Nachmittag machen und mit einem gemütlichen Ausklang in einer der vielen Kneipen verbinden.

8 Die Neustadt

Wenn die Dresdner sich abends zum Ausgehen verabreden, trifft man sich meist in der Neustadt. Gemeint ist dann das Areal zwischen Bautzner Straße, Bischofsweg und Königsbrücker Straße, wo Erich Kästner seine Kindheit verbrachte und in dem sich 1989 die ersten Kneipen wagten, das Dresdner Nachtleben zu bereichern. Heute findet man hier unzählige hippe Cafés und Kneipen, aber auch schicke Restaurants, umgeben von einem herrlichen urbanen Ensemble mit Gründerzeit- und Barockbauten. Interessante Galerien und Läden machen einen Besuch auch am Tag interessant.

Alaunstraße

Startpunkt für diesen Spaziergang ist das nördliche Ende des Albertplatzes › S. 92. Eine kleine Oase inmitten des lärmenden Treibens ist der **Artesische Brunnen** (1893). Die Alaunstraße ist der Haupteingang in die Äußere Neustadt. Die schmale Straße präsentiert sich als Einkaufsmeile mit Kiez-Atmosphäre. Die Läden hier verkaufen Gemüse und Secondhand-Kleidung, coole und schrille Streetwear, Blumen und CDs. Manchmal weht ein frischer Minzgeruch durch das Quartier. In den Hinterhöfen (Einfahrt Katharinenstraße) hat bereits der erfinderische Apotheker Ottomar Heinsius von Mayenburg um 1900 seine »Chlorodont«-Zahnpasta in Tuben gepresst. Die Firma Dental-Kosmetik führt diese Tradition bis heute fort. Die **Weinhandlung Bethe** an der Ecke Böhmische Straße ist die älteste der Neustadt; ihre schöne Ladeneinrichtung stammt aus den 1920er-Jahren.

Scheune 12

Zwischen Louisenstraße und Böhmischer Straße schaut rechts zwischen Bäumen die Scheune hervor, ein Veranstaltungszentrum mit indischem Restaurant und Biergarten. In dem geräumigen Haus traf sich in den Nachwendejahren die Neustädter Szene, junge Leute, die leer stehende marode Altbauten besetzten und

Echt gut!

Die beliebtesten Klubs der Neustadt

■ **Katys Garage**
Alaunstr. 48][www.katysgarage.de
Immer mittwochs »Älternabend«, die wohl beliebteste Dresdner Ü30-Party.

■ **Downtown**
Katharinenstr. 11–13
www.downtown-dresden.de
Wer zum Nasty Club ins Downtown geht, sollte sich auf viel Haut einstellen und allzu konservative Moralvorstellungen zu Hause lassen. Disco Fever am Wochenende.

■ **Metronom**
Louisenstr. 55
www.metronomclub.de
Große Kneipe mit kleiner Tanzfläche.

■ **NuBeatzz**
Leipziger Str. 12
www.nubeatzz.de
Im Club Puschkin vergnügen sich vor allem Twens.

dadurch den Abriss vieler Häuser aus der Gründerzeit verhinderten. Echt gut! Im Juli findet hier der **Schaubudensommer** (www.schaubuden sommer.de) statt, bei dem wie vor 200 Jahren Attraktionen von Puppenspiel, Akrobatik und Musik in Buden und Zelten im Garten gezeigt werden (Alaunstr. 36–40, Tel. 32 35 56 40, www.scheune.org).

Königsbrücker Straße

Durch die Louisenstraße führt der Spaziergang nun an der legendären Kneipe **Planwirtschaft** (Louisenstr. 20, Tel. 801 31 87, www.planwirtschaft.de) und der von Hans Erlwein erbauten **Feuerwache** vorbei zur Königsbrücker Straße, die Hauptverkehrsader der Äußeren Neustadt. Im Haus Nr. 66 wurde Erich Kästner geboren; später wohnte er in den Häusern Nr. 48 und 38. Cineasten kommen in der **Schauburg** auf ihre Kosten: Im größten Kino der Neustadt, einem stilvollen Art-Déco-Filmpalast von 1926, laufen Klassiker, Kultfilme und anspruchsvolle Unterhaltung (Königsbrücker Str. 55, Tel. 802 58 29, www.schauburg-dresden.de).

Erich Kästners Kindheit

In einer Mansardenwohnung in der Königsbrücker Str. 66 kam Erich Kästner 1899 zur Welt. In der Villa seines Onkels am Albertplatz war der kleine Neffe oft zu Besuch. In seinen Erinnerungen schreibt er über diese Zeit: »Am liebsten hockte ich dann auf der Gartenmauer und schaute dem Leben und Treiben auf dem Albertplatze zu. Die Straßenbahnen, die nach der Altstadt, nach dem Weißen Hirsch, nach dem Neustädter Bahnhof und nach Klotzsche und Hellerau fuhren, hielten dicht vor meinen Augen, als täten sie's mir zuliebe. Hunderte von Menschen stiegen ein und aus und ein und um, damit ich etwas zu sehen hätte ... Die Feuerwehr ratterte, mit ihrem Hornsignal und glockenläutend, vorbei. Eisverkäufer in weißer Uniform verkauften an der Ecke Waffeln für fünf und für zehn Pfennige. Ein Bierwagen verlor ein Hektoliterfaß, und die Neugierigen kamen gelaufen. Der Albertplatz war die Bühne.« (Aus: Erich Kästner, Als ich ein kleiner Junge war, dtv, München, 2003)

Mutter Kästner tat alles, um die Fähigkeiten ihres Sohnes zu fördern: Ein Zimmer der kleinen Wohnung wurde an den Lehrer Schurig vermietet, der dem Sohn ein anregender Gesprächspartner werden sollte. Der Musterschüler schaffte den Sprung auf das Fletschersche Lehrerseminar, dessen autoritäre Methoden im jedoch die Lust am Lehrerberuf verdarben. Nach kurzer Militärzeit holte er 1919 auf dem König-Georg-Gymnasium das Abitur nach. Mit dem »Goldenen Stipendium der Stadt Dresden« ging Kästner zum Studium der Germanistik, Geschichte und Philosophie an die Universität Leipzig. Mutter Kästner war stolz auf ihn. Und der Vater? Man weiß bis heute nicht, ob der Sattler Emil Kästner der leibliche Vater war oder aber Dr. Zimmermann, der Hausarzt der Familie.

Die Gartenstadt ermöglichte Arbeitern den Traum vom eigenen Haus

Im Hinterhof der abzweigenden Katharinenstraße Nr. 11–13 findet man einen regelrechten **Kultur- und Partykomplex** mit der Kneipe **Groove Station** (www.groovestation.de), der **Galerie Treibhaus** (www.galerietreibhaus.de) unter einem 200 m² großen Glasdach und der Diskothek **Down Town** › S. 97.

echt gut!

Restaurants

■ **Lloyd's Café & Bar**
Martin-Luther-Str. 17
Tel. 501 87 74
Sächsische und mediterrane Küche und der einzige echte britische Afternoon Tea in ganz Dresden. ●

■ **Kantine im Postamt**
Königsbrücker Str. 21][Tel. 804 47 74
www.kantine-im-postamt.de
In dem denkmalgeschützten DDR-Bau von 1962 werden in der 1. Etage preiswert Frühstück und Mittagessen angeboten (Mo–Fr 7–14 Uhr). ●

*Hellerau

Nach Hellerau gelangt man mit der Straßenbahn 8. Die erste deutsche Gartenstadt wurde 1909 gegründet. Der von den Lebensreform-Ideen begeisterte Möbelfabrikant Karl Schmidt zog damals mit seinem Unternehmen an einen bewaldeten Hang, um hier seine Idee von Wohnen, Arbeiten und Kultur im Grünen zu verwirklichen. Die renommierten Architekten Richard Riemerschmid, Hermann Muthesius, Kurt Frick und Theodor Fischer entwarfen teilweise ganze Straßenzüge. Von Heinrich Tessenow stammt das 1913 eröffnete ***Festspielhaus** 13. Hier begründeten Gret Palucca und Mary Wigman den modernen Ausdruckstanz. Bis zum Ersten Weltkrieg, gingen hier die bedeutendsten Dichter und Musiker Europas ein und aus. Nach einem langen Niedergang setzt seit 2004 das »Europäische Zentrum der Künste« diese Tradition wieder fort und im Festspielhaus haben modernes Theater, Tanz und Kunst erneut eine Heimat gefunden (Karl-Liebknecht-Str. 56, Tel. 26 46 20, www.hellerau.org).

Alt und neu spiegeln sich auch in den **Deutschen Werkstätten Hellerau** **14** wider. Aus der Möbelfabrik wurde ein Unternehmen für Design und Innenarchitektur. Es residiert in einem Neubau gegenüber dem von Riemerschmid im Grundriss einer Schraubzwinge nachempfundenen ursprünglichen Sitz. In dem Firmengebäude werden Kunstausstellungen präsentiert (Moritzburger Weg 68, Tel. 21 59 00, www.dwh.de).

In einem Seitenflügel der Schraubzwinge ist das Restaurant Echt gut! **Schmidt's** mittags eine gehobene Kantine und abends mit seiner kreativen Küche einer der Geheimtipps unter den Dresdner Gourmetrestaurants (Moritzburger Weg 67, Tel. 804 48 83, www.koenig-albert.de, ●●).

Albertstadt

Mit der Straßenbahnlinie 8 geht es zurück in die Innenstadt bis zur Haltestelle Stauffenbergallee. Von hier gelangt man zum ***Militärhistorischen Museum** **15** der Bundeswehr, das hinter einem Park versteckt liegt. Stararchitekt Daniel Libeskind hat das schlossähnliche klassizistische ehemalige Arsenal mit einem riesigen Keil aus Glas und Stahl durchbrochen. Die 2011 eröffnete Ausstellung zeigt die Ambivalenz des Militärischen mit Fragen aus Moral, Psychologie und Geschichtsverständnis. Einen weiteren Schwer-

Originelle Fassade in der Kunsthofpassage

punkt der auch für Laien interessanten Ausstellungen bildet die Geschichte der beiden deutschen Armeen von 1949 bis 1989 (Olbrichtplatz 2, Tel. 823 28 03, Mo 10–21, Di, Do–So 10–18 Uhr, www.hm-dresden.de).

Nördlich des Museums, gegenüber der ehemaligen Heeresbäckerei (heute Einkaufszentrum und Stadtarchiv), ist ein restaurierter Komplex von Militäranlagen des 19. Jhs. und DDR-Industrie zu einem Anziehungspunkt **für Liebhaber historischer Fahrzeuge** geworden. Werkstätten, Ausstellungen und ein Restaurant gruppieren sich um einen künstlichen Wasserfall (Königsbrücker Str. 96, www.zeitenstroemung.de).

echt gut!

Südlich des Militärhistorischen Museums gelangt man zur Stauffenbergallee, die in beide Richtungen auf eine Länge von 4 km von historischen Kasernenbauten des späten 19. Jh. gesäumt wird. Damit ist das nach König Albert benannte Gebiet die größte historische Kasernenstadt Europas.

An der Tannenstraße erhebt sich die neoromanische **Garnisonskirche** 16, die 1895–1900 für die Heeresangehörigen beider Konfessionen gebaut wurde. Geht man die Tannenstraße in Richtung Süden, so kommt man zum schönen Alaunpark und zum Bischofsweg mit seinen prächtigen Gründerzeithäusern.

Villa Timaeus 17

Die Villa versteckt sich am oberen Ende der Alaunstraße: Hinter einem Wohngebäude der 1920er-Jahre findet man in der Nr. 71 b das letzte Überbleibsel der »Chocoladen- und Cichorienfabrik Jordan und Timaeus«, wo 1839 die erste Milchschokolade der Welt produziert wurde.

*Kunsthofpassage 18

Ein Schild mit einer stilisierten Kuh markiert den Durchgang zur Kunsthofpassage. Jeder der einst tristen Hinterhöfe ist kreativ gestaltet. Kneipen, Läden und Galerien laden zum Verweilen ein (Görlitzer Str. 21–25/Alaunstr. 70, www.kunsthof-dresden.de).

Hat man den Kunsthof bis zum lustigen Hof der Tiere durchquert, stößt man in der gegenüberliegenden Stichstraße auf ein überraschendes Idyll, den **Abenteuerspielplatz Panama** 19 › S. 20.

In dem unscheinbaren modernen Hinterhaus der Görlitzer Str. 16 spielt die **Galerie Gebr. Lehmann** im internationalen Kunstmarkt in der oberen Liga mit: Sie vertritt u. a. den Maler Eberhard Havekost (Tel. 801 17 83, www.galerie-gebr-lehmann.de).

Hotel

City Cottage

Louisenstr. 11][Tel. 01 79/522 82 14
www.city-dresden.de

Die Ferienwohnungen liegen romantisch im Garten oder herrschaftlich in der Belle Etage. ●●

Restaurant

Neustädter Diechl

Rothenburgerstr. 38 Hinterhaus
Tel. 2 67 14 09
www.neustaedter-diechl.de

Prachtvolle Fliesen in Pfunds Molkerei

Der Name ist die sächsische Version von »Tiegel«, und in diesem Topf werden die Fondue-Spezialitäten zubereitet werden, für das das etwas versteckte Lokal bekannt ist. Eines der wenigen Lokale in der Äußeren Neustadt, in dem auch heimische Küche angeboten wird. ●

Nightlife

■ **Café Kontinental**

Görlitzerstr. 1][Tel. 801 35 31
www.veltins-gastronom.de/kontinental

Hier werden rund um die Uhr Nachtschwärmer, Frühaufsteher und sonstige Gäste bewirtet. ●

■ **Café 100**

Alaunstr. 100][Tel. 801 39 57
www.cafe100.de

Eine der Kneipen der ersten Stunden mit schönen Kellerräumen. ●

■ **Bottom's up**

Martin-Luther-Str. 31][Tel. 802 01 58

Urige Studentenkneipe, günstige Preise, lockere Atmosphäre. ●

*Pfunds Molkerei 20

Den Anspruch, »der schönste Milchladen der Welt« (Guinnessbuch der Rekorde) zu sein, erhebt der unter Denkmalschutz stehende Verkaufsraum von Pfunds Molkerei zu Recht. Die Wände, der Fußboden, ja sogar die Decke sind mit farbig bemalten Fliesen von Villeroy & Boch verkleidet – der Laden ist einfach traumhaft schön! Seine Geschichte beginnt 1879, als der Landwirt Paul Pfund sechs Kühe hinter eine Glasscheibe stellte und die Kunden wählen ließ, von welcher sie die Milch haben wollten. Nach 1990 wurde der Milchladen detailgetreu restauriert. Heute kann man hier nicht nur Milch trinken, sondern auch aus hundert Käsesorten wählen (Bautzner Straße 79, Tel. 80 80 80, www.pfunds.de).

Auch im Umfeld des Ladens ist einiges los. Hübsche Geschäften in der Nachbarschaft bieten Lausitzer Keramik, Dresdner Kaffee, Plauener Spitzen oder DDR-Souvenirs an. Im angrenzenden ehemaligen Molkerei-Komplex kann man in »Zoras Welt« im Travestie-Theater **Carte Blanche** 21 › S. 34 über Schein und Sein der Schönen der Nacht rätseln.

Nur wenige Schritte sind es von hier zum **Café Neustadt** in einem schön restaurierten Eckhaus. Hier trifft man auf viele Einheimische; gelegentlich wird das Café als Ausstellungsort genutzt (Bautzner Str. 63, Tel. 899 66 49, ●●). Echt gut!

*Alter Jüdischer Friedhof 22

Der Alte Jüdische Friedhof, der älteste Sachsens, ist in Vergessenheit geraten und auf vielen Stadtplänen nicht mehr verzeichnet. Wer den malerischen Friedhof besichtigen möchte, kann sich in der Pulsnitzer Straße 10 beim Verein Hatikva (Tel. 802 04 89, www.hatikva.de) melden. Angelegt wurde der Begräbnisort 1751 nach einem Gesuch der jüdischen Gemeinde an den Kurfürsten, dem stattgegeben wurde. Seit 1869 werden die Juden aus Dresden und Umgebung auf dem Neuen Jüdischen Friedhof in der Johannstadt › S. 106 bestattet.

Martin-Luther-Kirche 23

Die Martin-Luther-Kirche erhielt ihren Namen 1883 anlässlich der Feier des 400. Geburtstags des Reformators. Während der Bauzeit 1883–1887 galt noch die Vorschrift, die für protestantische Kirchenbauten ausschließlich historische Architekturformen erlaubte. Das Bauwerk mit 81 m hohem neugotischem Turm ist deshalb im neoromanischen Stil gehalten (Di–Sa 10–12, Mi, Fr 15–17 Uhr). Eine **kleine Oase der Ruhe** inmitten des geschäftigen Treibens der Neustadt bildet der von schönen alten Bäumen und stattlichen Bürgerhäusern umgebene Martin-Luther-Platz. Echt gut!

Böhmische Straße

Die enge Böhmische Straße gehört zu den ältesten der äußeren Neustadt. Hier siedelten im 18. Jh. protestantische Flüchtlinge. Einige der alten Häuschen sind noch erhalten. Aber auch ein paar gute Kneipen verstecken sich in der nachts sehr dunklen Straße: Das **Raskolnikoff** › S. 28 ist echtes Neustädter Urgestein und hat in der ersten Etage eine Kunstgalerie. Ein anderes Alleinstellungsmerkmal kann die **Familieneinkehr Hebedas** an der Ecke zur Rothenburger Straße vorweisen: Sie ist **eine der letzten Eckkneipen mit originaler Ost-Ausstattung** in dieser Gegend (Rothenburger Str. 30, Tel. 895 10 10, www.hebedas.de, ●). Nach wenigen Schritten ist man wieder am Albertplatz, wo für einen richtigen Alaunviertel-Bewohner die Welt zu Ende ist. Echt gut!

Das östliche Elbtal

Nicht verpassen!

- Mit dem Dampfer durch das Elbtal fahren
- Ein Blick von der Terrasse des Luisenhofs
- Dresdner Wein im Weinberg verkosten
- Flohmarktbummel an der Albertbrücke

Karte Seite 110

Zur Orientierung

Liebliche Hänge mit Weinbergen, weite Wiesen, prächtige Villen und Schlösser – im Elbtal östlich der Altstadt zeigt sich Dresden von seiner romantischen Seite. Diese von Kriegsschäden weitgehend verschonte Kulturlandschaft hatte auch die Vertreter der UNESCO so begeistert, dass sie das Dresdner Elbtal zum Welterbe erklärten. Doch da das Dresdner Bürgervotum den umstrittenen Neubau der Waldschlösschenbrücke erzwungen hat, wurde Dresden dieser Status 2009 von der UNESCO wieder aberkannt.

Fährt man südelbisch in Richtung Osten, gelangt man zunächst in die Johannstadt. Dieser Stadtteil fällt zunächst durch sein gigantisches Plattenbauviertel auf. Doch selbst hier gibt es reizvolle Ecken, wie den Trinitatisfriedhof, zu entdecken. Nordelbisch ist man dagegen sofort begeistert. Den Ausläufern der Neustadt schließen sich die idyllischen drei Elbschlösser an, bevor man die prächtigen Villen am Weißen Hirsch bewundert, die selbst häufig schlossähnliche Züge haben. Für den Weg hinunter ins Winzer- und Künstlerdorf Loschwitz nimmt man die historische, originalgetreu restaurierte Standseilbahn. Von hier aus kann man per Bus entlang der Sächsischen Weinstraße nach Pillnitz fahren.

Blaues Wunder und Loschwitz

Erinnerungen an längst vergessene Zeiten in der Elsasser Straße

Südelbisch erreicht man Pillnitz mit der Straßenbahn oder – viel schöner – mit dem Rad auf dem Elberadweg. Dieser ist genauso gut für Fußgänger geeignet. Wer gut zu Fuß ist: Von der Brühlschen Terrasse bis nach Pillnitz sind es ca. 12 km, die man auch bei einem herrlichen Spaziergang angehen kann. Eine letzte Alternative bietet die Elbe selbst. Bei einer Fahrt mit dem Dampfer kann man die Schönheit des Elbhangs ganz in Ruhe genießen.

Touren im Elbtal

Plattenbauten, Villen und Technikgeschichte

– 7 – Sachsenplatz › Trinitatiskirche › Blasewitz › Blaues Wunder › Technische Sammlungen

Dauer: 2–3 Std.
Praktische Hinweise: Die Tour beginnt am Sachsenplatz (Straßenbahn 6, 11) bei der Albertbrücke. Am besten lässt sie sich mit dem Rad entlang des Elberadwegs mit kleinen Abstechern unternehmen. Mit Straßenbahn, Linienbus und per pedes braucht man deutlich länger.

Johannstadt

Westlich an die Dresdner Altstadt schließt sich die Johannstadt an. Am **Sachsenplatz** 1 erinnern einige Reste an die einst monumentale Vorkriegsbebauung dieses Stadtteils: das Gerichtsgebäude im Stil der italienischen Renaissance, der historische Eliasfriedhof mit seinen Sandsteingrabmalen aus dem 18. und 19. Jh., die Sparkasse von Hans Erlwein und die **Albertbrücke** 2. Unter dieser Brücke findet jeden Samstagvormittag bis 14 Uhr der Echt gut! **Flohmarkt** statt, einer der größten in Deutschland. Läuft man von hier ein wenig weiter elbaufwärts, erreicht man den **Fährgarten** an der Fähre zur Neustadt, ein beliebter Biergarten mit herrlichem Blick auf den Fluss (Tel. 459 62 62, ●).

Vom Sachsenplatz bis zum Thomas-Münzer-Platz dominieren Plattenbauten. Weiter östlich haben sich dann einige ursprüngliche Straßenzüge erhalten.

Trinitatiskirche 3

Die Kirche im Zentrum der Johannstadt ist eine von zwei erhaltenen Kirchenruinen, die als Mahnmal die Zerstörung Dresdens im Zweiten Weltkrieg sichtbar halten. Dahinter erstreckt sich der evangelische ***Trinitatisfriedhof** mit bedeutenden Grabmälern. Hier liegen der Maler Caspar David Friedrich, der das Eingangstor in einem Bild verewigte, der Maler Carl Gustav Carus, der Bildhauer Ernst Rietschel und viele andere Größen der Dresdner Geistesgeschichte begraben. Daneben erstreckt sich der neue jüdische Friedhof, dessen Trauerhalle bis zur Einweihung des Neubaus an der Brühlschen Terrasse als Synagoge genutzt wurde.

Waldschlösschenbrücke 4

Die Fetscherstraße wurde bereits im 19. Jh. so geplant, dass sie über eine Brücke auf die Neustädter Seite fortgeführt werden könnte.

Plattenbauten mit Elbstrand am Johannstädter Ufer

1996 griff der Dresdner Stadtrat die alte Idee wieder auf und beschloss nach heftigen Kontroversen eine vierspurige Elbquerung, um insbesondere die historische Loschwitzer Brücke (»Blaues Wunder«) vom Verkehr zu entlasten. 2005 wurde der Bau durch einen Bürgerentscheid bestätigt. 2007 begannen die Bauarbeiten am dem umstrittenen Projekt, das Dresden den 2004 errungenen Welterbe-Status kostete. 2012 soll die Brücke dem Verkehr übergeben werden.

Blasewitz

An den weitläufigen Komplex der Universitätsklinik schließt sich im Osten das Villenviertel Blasewitz

Plattenbauten

Die Plattenbauten sind Symbol für die DDR-Architektur geworden. Schnell und effizient sollte ab den 1960er-Jahren Wohnraum geschaffen werden. Denn der ambitionierte Wiederaufbau der völlig zerstörten Stadt in den 1950er-Jahren wurde der riesigen Nachfrage nach Wohnraum kaum gerecht. Mit Fernwärme und praktischem Grundriss ausgestattet, waren insbesondere die Plattenbauten der Wohnbauserie WBS 70 damals heiß begehrt.
In der Johannstadt gab es eine eigene Fabrik zur Herstellung der Betonplatten. Viele Gebäude sind mehrere 100 m lang – so konnte ein Kran auf Schienen die Wohnhäuser schnell der Reihe nach errichten. Bei vielen Sanierungsprojekten bemüht man sich heute darum, den Häusern nachträglich eine individuelle Note zu verleihen.

an. Vor allem entlang des Käthe-Kollwitz-Ufers, der Goetheallee und der Tolkewitzer Straße haben Dresdner Architekten rings um den Waldpark während der Gründerzeit **einen wahren Katalog unterschiedlichster Villen** errichtet. Die Bandbreite der Stile reicht von Neorenaissance, Neobarock und Neoklassizismus bis zu Zitaten typischer Architektur in Italien, England oder der Schweiz. Ein ausgiebiger Erkundungsspaziergang lohnt sich also.

Echt gut!

*Blaues Wunder 5

Das Zentrum von Blasewitz bildet der von einem schönen historischen Gebäudeensemble umstandene **Schillerplatz**. Von hier führt die 1893 eingeweihte Brücke hinüber nach Loschwitz. Sie ersetzte die alte Fähre, die dem zunehmenden Verkehr nicht mehr gewachsen war. Das Blaue Wunder erhielt seinen Namen wegen des blaugrünen Anstrichs und der weit auseinandergezogenen Stahlkonstruktion ohne Pfeiler im Fluss – zu jener Zeit eine bahnbrechende Ingenieursleistung. Als einzige Brücke Dresdens wurde sie im 2. Weltkrieg nicht gesprengt. Zwei Dresdner hatten die bereits gelegten Zündkabel heimlich zerschnitten.

Wer bereits jetzt ins Zentrum zurück möchte, kann dies mit dem historischen Schaufelraddampfer, der nahe der Brücke anlegt (Abfahrt etwa alle 2 Std.; Infos unter Tel. 866 09 40) oder mit der Straßenbahn (Linien 6 und 12).

Restaurants

Villa Marie
Fährgässchen 1
Tel. 31 54 40
www.villa-marie.de
Feine italienische Küche mit schönem Blick auf das Blaue Wunder und die direkt gegenüberliegenden Loschwitzer Elbhänge. ●●

Schillergarten
Schillerplatz 9
Tel. 81 19 90
www.schillergarten.de
Das Traditionslokal besticht durch seine herrliche Lage. Im Sommer lockt die Terrasse nicht nur die Radfahrer vom vorbeiführenden Elberadweg zur Einkehr. ●●

Striesen

Vom Schillerplatz aus durchquert der Bus 61 den von Alleen durchzogenen Stadtteil Striesen. Die einzeln stehenden großbürgerlichen Mietshäuser werden aufgrund ihrer Form »Dresdner Kaffeemühlen« genannt.

Nur eine Gehminute von der Haltestelle Pohlandplatz entfernt sind im Ernemannbau der ehemaligen Zeiss-Icon- und späteren Pentacon-Werke die **Technischen Sammlungen** 6 der Stadt Dresden untergebracht. Hier können Dresdner Erfindungen wie die erste Spiegelreflexkamera oder die Reiseschreibmaschine Erika bestaunt werden. Spannend ist die Ausstellung zur Geschichte des Computers. Besonders für Kinder interessant sind die Feuerwehrausstellung und das »Erlebnisland Mathematik« (Junghansstr. 1–3, Di–Fr 9–17, Sa, So 10–18 Uhr).

 Karte Seite 110

Das Blaue Wunder verbindet Blasewitz und Loschwitz miteinander

Entlang der Dresdner Elbhänge

– 8 – Albertplatz › Schloss Albrechtsberg Lingnerschloss Schloss Eckberg › Weißer Hirsch › Loschwitz › Wachwitz › Laubegast

Dauer: 3–4 Std.
Praktische Hinweise: Für die Fahrt zum Weißen Hirsch steigt man in die Straßenbahnlinie 11 in Richtung Bühlau. In Niederpoyritz bringt einen dann die Fähre ans andere Ufer der Elbe nach Alttolkewitz. Von dort führt ein schöner Spaziergang entlang des Elberadwegs in den Laubegaster Ortskern, von wo aus die Straßenbahnlinien 4 und 6 ins Stadtzentrum fahren.

Vom Postplatz oder dem Albertplatz verlässt man mit der Straßenbahn die Neustadt in Richtung Osten. Kurz darauf öffnet sich der Blick zur Elbe mit ihren breiten Wiesen und Hängen im Hintergrund. An der Haltestelle Waldschlösschen wird die umstrittene neue Elbbrücke ansetzen.

Gedenkstätte Bautzner Straße 7

Die Gebäude der ehemaligen Stasi-Zentrale verdecken nun den Blick auf den Fluss. Die Gedenkstätte zeigt in eindrucksvoller Weise, wie die berüchtigte Institution zu DDR-Zeiten gegen Andersdenkende vorging (Bautzner Str. 112 a, Tel. 656 54 54, www.bautzner-strasse-dresden.de, Mo bis Fr 9–16, Sa 11–16 Uhr). Gegenüber hatte sich der russische KGB in einer Villa (Angelikastr.) eingemietet, wo Wladimir Putin von 1984 bis 1989 arbeitete.

Dresdner Heide

Hinter der Haltestelle Wilhelminenstraße beginnt die Dresdner Heide, das größte Naherholungsgebiet der Stadt. Die sternförmigen Wege durch den Mischwald stammen zum Teil noch aus der Zeit Augusts des Starken, der hier gern zur Jagd ging. Der abwechslungsreiche Wald mit Dünen, Bächen und Wasserfall lässt schnell die Nähe der Stadt vergessen.

*Schloss Albrechtsberg 8

Prinz Albrecht von Preußen ließ das spätklassizistische Schloss 1851 erbauen. Weil er sich nach

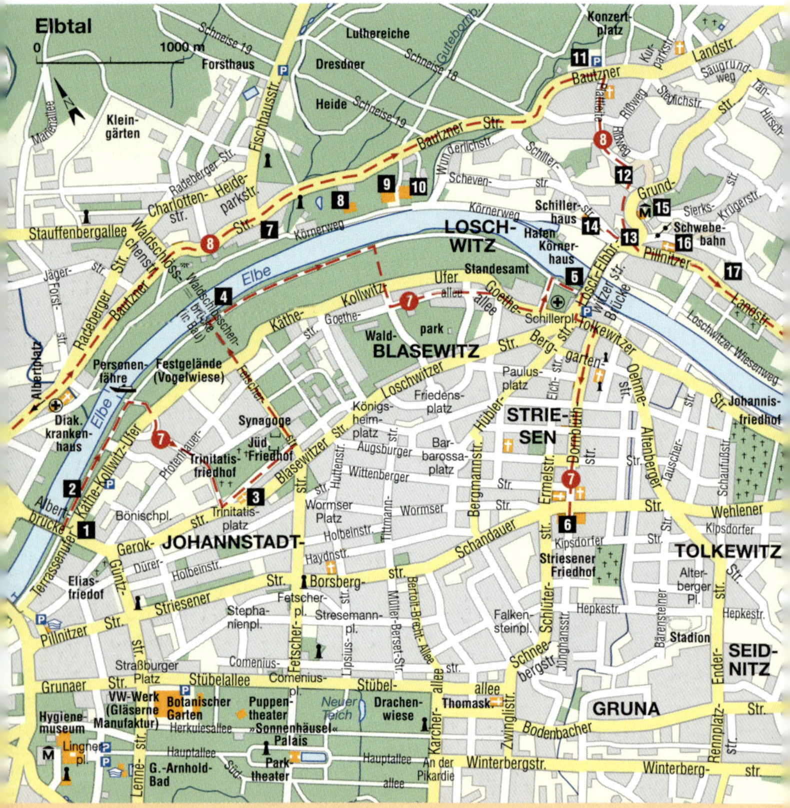

– 7 – Plattenbauten, Villen und Technikgeschichte

1 Sachsenplatz
2 Albertbrücke
3 Trinitatiskirche
4 Waldschlösschenbrücke
5 Blaues Wunder
6 Technische Sammlungen

– 8 – Entlang der Dresdner Elbhänge

7 Gedenkstätte Bautzner Straße
8 Schloss Albrechtsberg
9 Lingnerschloss
10 Schloss Eckberg
11 Parkhotel

 Karte Seite 110

einer Scheidung unstandesgemäß wieder verheiratete, musste er sich dieses – zugegebenermaßen luxuriöse – Exil suchen. Weil das Gebäude zu DDR-Zeiten von deren Jugendorganisation genutzt wurde, nennen ihn noch heute viele Dresdner Pionierpalast. Im prunkvollen Kronensaal finden unter einem venezianischen Glaslüster mit 80 Kerzen regelmäßig Konzerte statt (Infos und Karten: Tel. 486 66 66). Bei Führungen kann man auch den reich stuckierten Spiegelsaal mit eichenholzgetäfelten Wänden und den Gartensaal bestaunen, wo farbenfrohe Wandmalereien die Lieb-

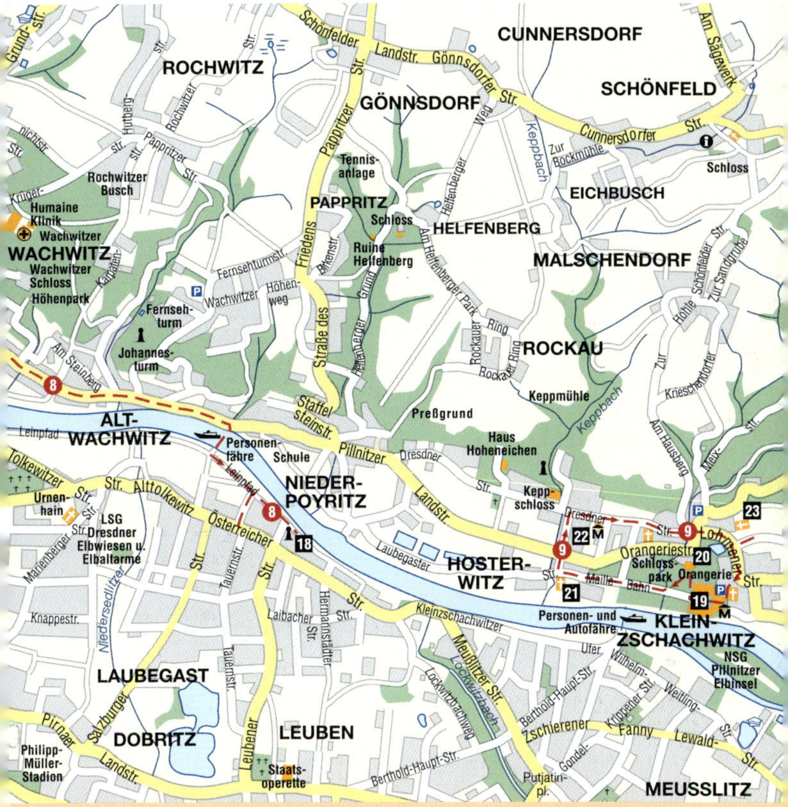

12 Luisenhof
13 Körnerplatz
14 Schillerhäuschen
15 Leonardi-Museum
16 Loschwitzer Kirche
17 Künstlerhaus
18 Caroline-Neuber-Denkmal

– 9 – Das romantische Pillnitz

19 Schloss Pillnitz
20 Kamelie
21 Maria am Wasser
22 Weber-Museum
23 Weinbergkirche

lingsorte des Prinzen zeigen: Kairo, Konstantinopel, Meran und Neapel. An die Alhambra erinnert das versteckte Türkische Bad. Lohnend ist auch ein Spaziergang durch den weitläufigen Park (www.schloss-albrechtsberg.de, Führungen nur nach Voranmeldung unter Tel. 811 58 23).

Im danebenliegenden Kavaliershaus kann man bei Veranstaltungen die Weine von Winzer Lutz Müller probieren › S. 15.

Echt gut!

Postkartenreife Dresden-Ansichten

- Der Maler Bernardo Bellotto hat ihn berühmt gemacht: den **»Canalettoblick«**. Das Bild kann man in der Gemäldegalerie bestaunen › S. 63 und das Original von den Bellevuegärten aus genießen › S. 96.
- Erst kommt der Einblick in das Innere, dann der Ausblick auf die Stadt, zumindest wenn man die Turmbesteigung der **Frauenkirche** › S. 72 nicht scheut.
- Wer in Elbflorenz die Erinnerung an die Toskanahauptstadt wecken möchte, sollte von den Loschwitzer Elbhängen ins Tal hinabschauen. Den schönsten Blick hat man dabei wohl vom **Panoramalokal Luisenhof** › S. 113.
- Leicht gewellt ist die liebliche Landschaft des Schönfelder Hochlandes › S. 131. In Rockau scheint sie jäh zum Elbtal hin abzubrechen. Ein Stichweg führt zur **Rockauer Aussicht** mit grandiosem Blick.
- Dresden modern? Dieses Bild bietet sich von den Zimmern in den oberen Etagen des **Hotels Pullman Newa** › S. 80, entweder auf den Hauptbahnhof und das Universitätsviertel oder über die Prager Straße auf die Türme und Kuppeln der Altstadt.

Lingnerschloss 9

Die 1853 für Baron von Stockhausen, den Kammerherrn des Prinzen Albrecht, errichtete Villa bewohnte 1906 bis 1916 **Karl August Lingner**. Dieser war mit dem Mundwasser »Odol« reich geworden, das er mit einem großen Werbefeldzug – er ließ Luftschiffe mit der Aufschrift »Odol« starten – populär gemacht hatte. Der Unternehmer engagierte sich aber auch gemeinnützig; auf seine Initiative gehen u.a. das Hygiene-Museum › S. 86 und die erste Säuglingsklinik der Welt zurück. Die »Villa Stockhausen« vermachte er nach seinem Tod der Stadt. Sie wird derzeit saniert, wobei auch ein Teil der Inneneinrichtung aus den 1950er-Jahren erhalten wird (Tel. 646 53 82, www.lingnerschloss.de, Mai–Okt. 12–18 Uhr, Führungen: Mi 15 Uhr, 1. Sa im Monat 14 Uhr). Vom neuen Restaurant mit Sommergarten hat man einen schönen Blick (Tel. 456 85 10, www.lingnerterrassen.de).

Schloss Eckberg 10

Das Schloss ließ sich der Dresdner Großkaufmann John Daniel Souchay 1859 bis 1861 vom Semper-Schüler Christian Friedrich Arnold im neogotischen Stil errichten. Der Sandsteinbau wird von einem 25 m hohen Aussichtsturm überragt. Daneben steht die Bronzestatue »Sonnenanbeter« des Jugendstilkünstlers Sascha Schneider. 1925 erwarb der Zahnpasta-König (»Chlorodont«) Ottomar Heinsius von Mayenburg das Schloss. Seine Erben erhielten es nach 1989 zurück. Das Schloss beherbergt heute ein First-Class-Hotel; Terrasse und Wintergarten des Restaurants bieten einen schönen Blick auf das Elbtal (Bautzner Str. 134, Tel. 809 90, www.schloss-eckberg.de, ●●). Der Zugang zum Gelände ist Gästen des Hotels und des Restaurants vorbehalten.

Weißer Hirsch

An der Haltestelle Plattleite beginnt das exklusive Villenviertel Weißer Hirsch, das sich gut zu Fuß erkunden lässt. Berühmtester Kurbetrieb war Lahmanns Sanatorium an der Ecke Stachgrundstraße, das nach jahrzehntelangem Verfall jetzt zu einer Wohnanlage umgebaut wird. Ein weißer Hirsch über der Tür eines Hauses an der Bautzner Landstraße markiert den Standort des Gasthofes, dem die Siedlung ihren Namen verdankt.

Erfolgreich zu neuem Leben erweckt wurde das altehrwürdige **Parkhotel 11**. 1914 eröffnet, war es bis 1940 das erste Haus im Kurbezirk. Der blaue Salon und der renovierte Ballsaal mit der legendären »Kakadu-Bar« sind heute wieder beliebte Party-Locations › S. 35. Einladend wirkt auch wieder das ehemalige Kurhaus mit

Schloss Albrechtsberg

einem kleinen Einkaufszentrum und dem Platz dahinter.

Plattleite

Gegenüber dem Parkhotel führt die Plattleite mitten in ein herrliches Villenviertel. Besonders prächtig sind die Villa Abendstern, die Villa Bismarck – erbaut um 1900 im damals modischen Schweizerstil – und die Jugendstilvilla Elbblick.

An der kleinen Sternwarte beginnt das Forschungsinstitut **Manfred von Ardenne**. Der technische Autodidakt (1907–1997) gilt als Erfinder der Fernsehröhre und arbeitete an der Entwicklung der sowjetischen Atombombe mit. Der auch »Roter Baron« genannte Ardenne genoss zu DDR-Zeiten einen Sonderstatus. In seinem Institut betrieb er u.a. Krebsforschung und entwickelte die umstrittene Sauerstoff-Mehrschritt-Therapie. Das Institut ist nicht öffentlich zugänglich.

Am Ende der Plattleite bietet die Terrasse des Aussichtslokals **Luisenhof 12** einen grandiosen

Panoramablick auf das Elbtal. Das Restaurant ist bei Kaffeegästen und Feinschmeckern gleichermaßen beliebt (Bergbahnstr. 8, Tel. 214 99 60, www.luisenhof.org, So 10–14 Uhr Brunch ●●).

Historische Bergbahnen

Gegenüber dem Luisenhof liegt die Bergstation der historischen **Standseilbahn,** die zu ihrem 100. Geburtstag 1995 mit modernster Sicherheitstechnik ausgestattet wurde. Fünf Minuten dauert die steile Abfahrt in den gelb-weißen Wagen hinunter zum Körnerplatz.

Folgt man unten angekommen der Pillnitzer Landstraße für gut 100 m, erreicht man die Talstation der zweiten historischen Bergbahn: Seit 1901 fliegt die **Schwebebahn** hinauf zur Loschwitzhöhe. Ihr Maschinenhaus im wuchtigen Turm lohnt einen Besuch (tgl. 10–17 Uhr).

9 Loschwitz

Körnerplatz 13

Der Körnerplatz ist das Zentrum von Loschwitz, einem alten Winzerdorf, das später zur idyllischen Sommerfrische wohlhabender Dresdner Bürger und Künstler wurde. Viergeschossige Häuserzeilen mit roten Klinkerfassaden sowie Erkern und Türmchen aus Sandstein umschließen den belebten Platz.

Schillerhäuschen 14

Vom Körnerplatz geht man ein kleines Stück elbabwärts und erreicht das bescheidene Haus, in dem Friedrich Schiller › S. 108 seinen »Don Carlos« und die Ode »An die Freude« schrieb. Das Weinberghäuschen in der Schillerstraße 19 mit einer kleinen Gedenkstätte ist allerdings nur unregelmäßig geöffnet (Tel. 488 73 72, www.stmd.de).

Friedrich-Wieck-Straße

Die schönste und wohl interessanteste Straße von Loschwitz **mit originellen Geschäften** wurde nach dem Vater der Pianistin Clara Schumann benannt, der ab 1840 im Haus Nr. 10 wohnte. In die schmalen, spitzgiebeligen Häuser sind u. a. ein Keramikladen, ein Goldschmied und ein Antiquitätenhändler eingezogen. In der Alten Feuerwache veranstaltet der Kunstverein Loschwitz e.V. Konzerte, Ausstellungen und Lesungen (www.feuerwache-loschwitz.de).

Echt gut

Vorn am Uferweg steht das alte **Fährhaus** aus dem 16. Jh. Eine Fähre zwischen Loschwitz und Blasewitz wurde bereits 1471 erwähnt. Heute laden hier ein italienisches Restaurant und eine Chocolaterie mit Pralinen und Kuchen zum Verweilen ein.

Cafés

■ **Café Wippler**
Körnerplatz 2][Tel. 269 80 40
Gute Stube der Dresdner Konditoreikette. ●

■ **Café Zaza**
Schillerstraße 11][Tel. 265 56 32
www.zaza.de
Kaffee oder Abendessen in ehemaliger Weinbergsvilla mit Elbblick. ●●

Flussromantik: auf der Fähre von Wachwitz nach Laubegast

Leonardi-Museum 15

Der Landschaftsmaler Eduard Leonardi, ein Schüler Ludwig-Richters, kaufte 1879 eine alte Mühle und machte daraus ein mit Ornamenten und Sprüchen verziertes Atelierhaus. Heute ist in dem sanierten, farbenprächtigen Gebäude eine Galerie mit Wechselausstellungen untergebracht (Grundstr. 26, Tel. 268 35 13).

Loschwitzer Kirche 16

Einige Schritte weiter steht – wegen der Hochwassergefahr etwas erhöht – die Loschwitzer Kirche. An ihrer Errichtung 1705 bis 1708 war George Bähr beteiligt. Wegen seiner Kuppelform mutet das kleine achteckige Gotteshaus wie ein Modell für Bährs Meisterwerk an. Nach der Wende wurde die 1945 zerstörte Kirche wiedererrichtet. Innen steht der Renaissancealtar von Nosseni aus der 1964 abgerissenen Sophienkirche am Zwinger.

Künstlerhaus 17

1898 errichtete der Dresdner Architekt Martin Pietzsch das Atelierhaus, um Künstlern preiswerten Arbeitsraum zu verschaffen. Bis heute wohnen und arbeiten hier Kunstschaffende wie Günther Hornig, Konrad Maass und Thomas Reichstein.

Auf dem gegenüberliegenden ***Loschwitzer Friedhof** sind viele Loschwitzer Künstler begraben, darunter der Bildhauer und Karl-May-Illustrator Sascha Schneider, die Bildhauer Hermann Glöckner und Friedrich Press, die Maler Ernst Hassebrauk, Josef Hegenbarth, Eduard Leonhardi und Oskar Zwintscher.

Wachwitz

Lieblich sind die nun folgenden alten Dorfkerne von Wachwitz und Niederpoyritz. Die meisten der zahlreichen Ausflugsgaststätten haben im Sommer eine Ter-

Historische Interieurs im Kunstgewerbemuseum

rasse an der Elbe. Parallel zur Pillnitzer Landstraße, die von der Buslinie 83 erschlossen wird, verlaufen auf halber Höhe die Weinwanderwege › S. 45 und führen an herrschaftlichen Anwesen vorbei, z. B. an der Königlichen Villa unterhalb des in den 1930er-Jahren erbauten **Schlosses Wachwitz**, dem letzten Wohnsitz der Wettiner. In **Niederpoyritz** setzt man mit der Fähre auf die andere Elbseite über und spaziert den Elbradweg entlang in Richtung Südosten nach Laubegast.

Laubegast

Im historischen Dorfkern von Laubegast erinnert ein **Denkmal** 18 an die Begründerin des modernen Schauspiels, Caroline Neuber (1667–1760). Beliebte Ausflugsgaststätten säumen die Uferpromenade bis zu der historischen Schiffswerft, auf der bis heute die Raddampfer der Sächsischen Dampfschifffahrtsgesellschaft gewartet werden.

Das romantische Pillnitz

– 8 – Schloss Pillnitz › Schlosspark › Hosterwitz › Weber-Museum › Weinbergkirche

Dauer: 4 Std.

Praktische Hinweise: Die romantischste Anfahrt nach Pillnitz ist mit dem historischen Raddampfer, die sportlichste die über den rund 12 km langen Elberadweg. Ansonsten erreicht man Pillnitz mit der Straßenbahn (Linie 6, 12) bis Schillerplatz und dann dem

Bus 63. Auf der anderen Elbseite bringt einen die Straßenbahn 2 bis Kleinzschachwitz, wo man mit der Fähre übersetzt. Autofahrer finden einen großen Parkplatz an der Maille-Bahn. Ein weiterer Parkplatz hinter dem Schloss in Richtung Graupa ist geplant. Der Rundweg selbst ist gut 4 km lang.

10 **Schloss Pillnitz 19

August schenkte das 7 km elbaufwärts von Loschwitz gelegene Renaissanceschloss 1706 seiner Mätresse › S. 94, der Gräfin Cosel. Als die Beziehung in die Brüche ging, holte sich August das Schloss zurück und setzte die Geliebte auf der Burg Stolpen unter Hausarrest. Ab 1720 ließ er Pillnitz nach Entwürfen von Zacharias Longuelune und Zwinger-Architekt Matthäus Daniel Pöppelmann zum asiatischen Lustschloss und zur Sommerresidenz des sächsischen Hofes ausbauen.

Die Palais

Die Flügelgebäude, das **Wasserpalais** am Fluss und das **Bergpalais** ihm gegenüber, gestaltete Pöppelmann 1720 bis 1724 nach der damaligen Mode mit Dächern im Pagodenstil und chinesischen Wandverzierungen. Als 100 Jahre später der alte Zentralbau abgebrannt war, errichtete Oberlandbaumeister Christian Friedrich Schuricht das **Neue Palais**. Sein prächtiger Kuppelsaal mit Bildern des Hofmalers Vogel von Vogelstein gilt als schönster klassizistischer Innenraum Dresdens. Er gehört, ebenso wie die Hofküche, zum Schlossmuseum (April bis Okt. tgl. 10–18 Uhr, Nov. bis März nur mit Führung, www.schloesser-dresden.de).

Ein Besuch im **Kunstgewerbemuseum** in den Räumen des Wasser- und Bergpalais gehört zum Standardprogramm des Pillnitz-Besuchs. Neben kostbaren Gobelins, geschliffenen Gläsern, Fayencen und Möbeln aus dem 17. und 18. Jh. werden historische Musikinstrumente und das Pirnaer Antependium gezeigt, eine kunstvolle Seidenstickerei aus dem 14. Jh. (Mai–Okt. tgl. 10–18 Uhr, www.skd.museum).

Schlosspark

Im **Heckengarten** ist die Nachbildung einer Prunkgondel zu bewundern. Ende des 18. Jhs. legte

Typisch für Schloss Pillnitz ist der Chinoiserie-Dekor

man im Nordwesten des Parks einen Englischen Garten mit Pavillon und Teich an. Dort wächst Echt gut! **die älteste Kamelie Europas** 20: Der mehr als 8 m hohe Baum ist der einzige von vier 1778 aus Japan eingeführten Exemplaren, der überlebt hat – im Winter geschützt durch ein eigens konstruiertes Gewächshaus. Von Ende Februar bis Ende März ist ihre rote Blütenpracht zu bewundern.

Die subtropischen Kübelpflanzen des Parks finden in der kalten Jahreszeit Platz in der **Orangerie**, die im Sommer Ausstellungen zeigt. Hinter dem Bergpalais beginnt der **Schlossgarten**, der in den **Holländischen** und den **Chinesischen Garten** mit dem als tropischer Garten gestalteten historischen Palmenhaus übergeht.

Hosterwitz

Der vom Schloss ausgehende Hauptweg führt zur **Kastanienallee** mit der 500 m langen Maille-Bahn – ein dem Golf ähnliches Spiel, das am Hof sehr beliebt war – und weiter nach Hosterwitz. Der alter Dorfkern ist äußerst romantisch. Direkt an der Elbe liegt die Schifferkirche **Maria am Wasser** 21. Ihr ursprünglich gotischer Bau wurde im Barock mit einer zweistöckigen Holzempore im Inneren umgestaltet. Jenseits einer Obstplantage gelangt man dann zum am Hang gelegenen oberen Teil von Hosterwitz. Hier folgt man der Dresdner Straße, die am neugotischen **Keppschloss** und der Backsteinkirche **Maria am Wege** vorbeiführt.

*Weber-Museum 22

In dieser idyllischen Landschaft mietete sich der Dresdner Komponist und Hofkapellmeister Carl-Maria von Weber (1786–1826) in den Sommermonaten in einem Winzerhaus ein. Durch Wanderungen in die Umgebung und die Ruhe inspiriert schrieb er hier an seinen Opern, u.a. dem »Freischütz«. Das Haus strahlt noch heute die biedermeierliche Behaglichkeit aus. Fast könnte man meinen, Weber sei nur eben kurz nach draußen gegangen. Eine Ausstellung zeichnet Webers Lebensweg nach (Dresdner Str. 44, Mi–So 13–18 Uhr).

Weinbergkirche 23

Man folgt dem Weg auf halber Höhe und erreicht die Weinberge oberhalb des Schlosses. Hier steht unübersehbar die barocke Weinbergkirche. Sie wurde von Zwingerbaumeister Pöppelmann errichtet, da die Schlosskirche mit August dem Starken die Konfession wechseln musste und katholisch geworden war, während die Bevölkerung evangelisch blieb. Oberhalb der Weinberge steht eine künstliche Ruine. Von hier ist man schnell wieder zurück am Schloss.

Wer mobil ist, sollte bei schönem Sommerwetter einen Abstecher ins 4 km elbaufwärts gelegene **Birkwitz** in Erwägung ziehen. Dort gibt es einen **schönen Badesee** Echt gut mit kleiner Insel, Tretbootverleih und herrlicher Aussicht in Richtung Sächsische Schweiz (www.badesee-birkwitz.de).

Ausflüge

- Meißen
- Moritzburg
- Radebeul
- Radeberg und Pulsnitz
- Schönfelder Hochland und Stolpen
- Pirna und Umgebung
- Sächsische Schweiz

11 **Meißen 1

Dresden › Meißen

Dauer: 1 Tag
Praktische Hinweise: Mit der S 1 fährt man in 45 Min. zum Meißener Hauptbahnhof, dann 10 Min. Fußweg über die Elbbrücke. Rückweg von der Porzellanmanufaktur mit S 1 ab Meißen Triebischtal. Die Tour lässt sich mit Radebeul und Moritzburg verbinden. Letzter Einlass für Burg und Dom: eine halbe Stunde vor Schluss.

»Die Albrechtsburg mit dem herrlichen Dom, der Bischofsturm an der Ecke des Berges, der St. Afraberg mit der Klosterkirche und der Fürstenschule senken sich zur Stadt und in das Triebischtal hinab, und das ganze schöne Bild spiegelt sich samt der Brücke in der Elbe«, begeisterte sich der Maler Ludwig Richter, der 1828 bis 1835 Zeichenlehrer an der Königlichen Porzellan-Manufaktur war. Meißen ist unbestritten die Wiege Sachsens: Als am 3. Oktober 1990 der Freistaat Sachsen neu gegründet wurde, geschah das im Festsaal der Meißener Albrechtsburg.

Altstadt

Der Markt ist vom spätgotischen ***Rathaus** Ⓐ (1472) mit seinem steilen Dach und stattlichen Renaissancehäusern mit Spitzportalen gesäumt. Im **Bennohaus** Ⓑ wohnte Bischof Benno (1066–1106), der im Investiturstreit zwischen Papst und König auf Seiten des Papstes stand und deshalb von Heinrich IV. verhaftet wurde.

Zurückgesetzt drängt sich an die Südwestecke des Marktes die 1457 geweihte gotische **Frauenkirche** Ⓒ. Der Flügelaltar vom

Der Dom zu Meißen

Ende des 15. Jhs. zeigt auf dem Mittelschrein die Marienkrönung und auf der Predella die Grablegung Christi. Vom trutzigen Turm erklingt mehrmals täglich cht gut! ein **Porzellanglockenspiel;** so ist immer um 17.30 Uhr Luthers »Ein feste Burg ist unser Gott« zu hören. Vom 57 m hohen Turmumgang genießt man einen schönen Blick auf die Altstadt und den Burgberg.

Hinter der Frauenkirche gelangt man zum **Bahrmannschen Brauhaus** Ⓓ, in dem bis um 1900 Bier gebraut wurde. Sehenswert ist links davon auch der **Alte Ritter** (Webergasse 1), ein ehemaliges Gasthaus mit einem Renaissanceportal von 1597.

Burgberg

Beim Aufstieg zur Burg kommt man in der Burgstraße 27 zu einem Haus mit schönem Renaissanceportal; hier hat die **Zinngießerei Rainer Lehmann** ihr Domizil. In der ältesten noch betriebenen Zinngießerwerkstatt Sachsens kann man Bergmannsleuchter und Zinnsoldaten erstehen (Tel. 035 21/45 29 75). An den romantischen Roten Stufen liegt die **Konditorei Zieger**. Hier cht gut! wird **»Meißener Fummel«** gebacken, eine luftgefüllte, zerbrechliche Teigtasche von der Größe eines Zweipfundbrotes (Rote Stufen 5, www.konditorei-zieger.de).

**Dom Ⓔ

Den dreieckigen Domplatz betritt man durch das neugotische mittlere Burgtor. Mit dem Bau des Domes wurde 1260 begonnen; zu dieser Zeit entstanden auch die beeindruckend ausdrucksstarken Stifterfiguren im Inneren. Im **Mittelschiff** des Langhauses beeindrucken Höhe und Leichtigkeit der schlanken Pfeiler, die sich zu einem gotischen Kreuzrippengewölbe vereinen. Die lichte Fürstenkapelle, die den Dom nach Westen abschließt, war seit 1428 Begräbnisstätte der Wettiner.

Im Nordflügel des **Kreuzgangs** erkennt man die ursprünglichen Kreuzrippengewölbe und ihre mit schönen Pflanzenornamenten reich verzierten Schlusssteine. Hier hängt die große Bronzeglo-

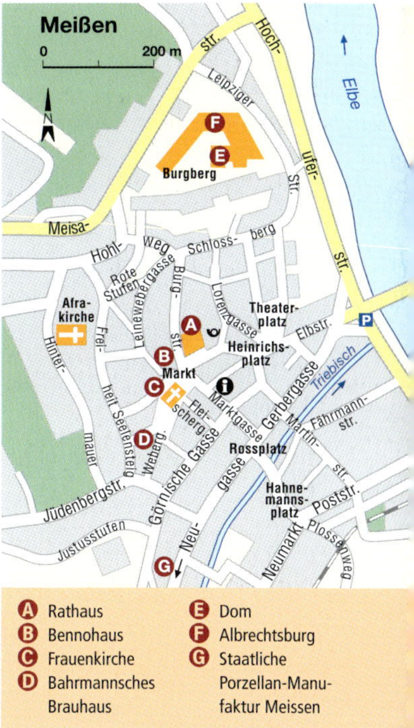

Ⓐ Rathaus
Ⓑ Bennohaus
Ⓒ Frauenkirche
Ⓓ Bahrmannsches Brauhaus
Ⓔ Dom
Ⓕ Albrechtsburg
Ⓖ Staatliche Porzellan-Manufaktur Meissen

cke, die zum Abschluss jeder Domführung angeschlagen wird. Ein Anziehungspunkt ist das Domschatz-Museum (April–Okt. tgl. 9–18, Nov.–März 9–16 Uhr).

In die **Domherrenhäuser** an der Südseite des Domplatzes sind kleine Läden eingezogen, die u.a. Holzspielzeug aus dem Erzgebirge anbieten. Haus Nr. 9 beherbergt Meißens ältestes Gasthaus, den »Domkeller«. Von hier und dem benachbarten Burgkeller bietet sich ein herrlicher Blick auf die roten Ziegeldächer der Meißener Altstadt. Das Kornhaus an der Nordseite diente zunächst als Wirtschaftsgebäude und wird zum Hotel umgebaut.

**Albrechtsburg F

Errichtet ab 1471 nach Plänen des sächsischen Landesbaumeisters Arnold von Westfalen, zählt sie zu den bedeutendsten spätgotischen Profanbauten Deutschlands. Für seine Zeit spektakulär ist der Treppenturm, der **Große Wendelstein**. Statt die übliche massive Spindel zu verwenden, wurde eine Konstruktion mit drei filigran gestalteten Sandsteinsäulen verwirklicht.

Großformatige **Wandgemälde** von Dresdner Malern aus dem 19. Jh. zeigen die Geschichte des Hauses Wettin und Szenen aus dem Leben von Herzog Albrecht. Das neobarock ausgestattete **Böttger-Zimmer** im zweiten Obergeschoss ist dem Erfinder des europäischen Hartporzellans gewidmet › S. 71. Auf Wandgemälden sieht man Böttger im Labor und bei der Vorführung der Erfindung vor August dem Starken (Domplatz 1, Tel. 035 21/470 70, www.albrechtsburg.de, März–Okt. tgl. 10–18, Nov.–Febr. 10–17 Uhr).

**Staatliche Porzellan-Manufaktur Meissen G

Vor der Abfahrt aus Meißen sollte man die etwas außerhalb des Stadtkerns angesiedelte Porzellan-Manufaktur besuchen. Die »Erlebniswelt Haus MEISSEN©« um-

Karte
Seite 121

fasst das Museum (seit 1916), in dem rund 3000 Exponate aus den über 20000 verschiedenen Modellen gezeigt werden, darunter die erste Porzellanorgel der Welt. Die Herstellung des Porzellans wird den Besuchern in einer der beiden Schauwerkstätten im Besucherzentrum anschaulich demonstriert (Talstraße 9, Tel. 035 21/46 82 08, www.meissen.com, Mai–Okt. tgl. 9–18, Nov. bis April 9–17 Uhr).

Info

Tourist-Information Meißen GmbH
Markt 3][01662 Meißen
Tel. 035 21/419 40][Fax 41 94 19
www.touristinfo-meissen.de

Hotel

Welcome Hotel
Hafenstr. 27
Tel. 035 21/722 50
www.welcome-hotel-meissen.de
Übernachten und Speisen mit Blick auf den Dom. Das Haupthaus war die Villa eines Porzellanfabrikanten. ●●

Restaurant

Vincenz Richter
An der Frauenkirche 12
Tel. 035 21/45 32 85
www.vincenz-richter.de
Die Wirtschaft in einem malerischen, 1523 erbauten Fachwerkhaus ist seit fünf Generationen in Familienbesitz. Beste Adresse für feines Essen und Meißener Weine. Mo geschl. ●●●

Karte Seite 122

**Moritzburg 2

Dresden › Moritzburg

Dauer: ½ Tag
Praktische Hinweise: Das beliebte Ausflugsziel 14 km nordwestlich von Dresden ist mit dem Linienbus 326 o. 457 ab Dresden (Pirnaischer Platz oder Bhf. Neustadt) oder dem Auto zu erreichen. Wer Zeit hat, sollte mit der S-Bahn (S 1 Richtung Meißen) bis Radebeul-Ost fahren und dort in den »Lößnitzdackel« umsteigen. Die nostalgische grüne Schmalspurbahn aus dem Jahr 1884 verkehrt mehrmals täglich und dampft schnaufend durch den engen Lößnitzgrund ins Moritzburger Wald- und Teichgebiet (Fahrzeit ca. 30 Min.). Am Bahnhof Moritzburg kann man Fahrräder mieten oder sich per Pferdekutsche zum Schloss bringen lassen (Infos: Tel. 03 52 07/85 40).

Die fast 3 km lange schnurgerade Schlossallee führt durch das Dorf und auf das ocker und weiß gestrichene Jagdschloss zu, das sich mit seinem roten Dach und den mächtigen runden Ecktürmen fotogen im Wasser des Schlossteichs spiegelt.

**Das Schloss

In der wildreichen Waldgegend gingen die Wettiner im 16. Jh. gern zur Jagd. Kurfürst Moritz ließ deshalb 1542–1546 ein Jagdhaus im Renaissancestil bauen, die nach ihm benannte Moritzburg. August der Starke und sein Architekt Pöppelmann machten daraus 1723 bis 1736 ein quadratisch-symmetrisches Schloss mit vier Rundtürmen und vergrößerten den Teich, in dem schon früher Karpfen für die kurfürstliche Tafel gezogen wurden. Auf allen Seiten wird das Schloss von kleinen **Kavaliershäuschen** bewacht. Das rechte auf der Nordseite beherbergt eine Galerie.

Das **Schlossinnere** ist im Originalzustand erhalten: Barockmöbel, kostbares Porzellan, Gemälde und Kutschen aus dem 18. Jh. vermitteln einen lebendigen Eindruck von der sächsisch-barocken Lebensart. Ein Juwel ist die mit farbigen Jagdmotiven bemalte Ledertapete im Audienzsaal. Apart ist auch das Federzimmer Augusts des Starken mit Federtapeten und Paradebett. Im Monströsensaal kann man den Moritzburger »66-Ender« bewundern, das mit knapp 20 kg **schwerste Hirschgeweih der Welt.** Im Sommer kann man sich bei einem Schlosskonzert in die Zeit der prunkvollen Hofgesellschaften träumen. Im Winter erinnert eine Ausstellung an den hier gedrehten Märchenfilm »Drei Haselnüsse für Aschenbrödel« (April–Okt. tgl. 10–17, Nov./Dez., Febr./März Di–So 10 bis 16 Uhr, im Jan. nur Sa, So).

Echt gut

Zur herrschaftlichen Jagd gehörten natürlich auch Pferde, die in Ställen am Schloss gehalten wurden. 1828 ging aus ihnen das **Sächsische Landstallamt** hervor, das seither für die Pferdezucht zu-

Stolzes Jagdschloss der Wettiner: Schloss Moritzburg

ständig ist. Der 100. Geburtstag wurde mit einer **Hengstparade** gefeiert, die alljährlich im September wiederholt wird › S. 55.

Käthe-Kollwitz-Haus

Der Rüdenhof am südwestlichen Ende des Schlossteichs war die letzte Wohnstätte von Käthe Kollwitz. Der kunstsinnige Prinz Ernst Heinrich von Sachsen lud die Grafikerin und Bildhauerin hierher ein, nachdem sie 1944 bei einem Bombenangriff ihre Wohnung in Berlin verloren hatte. Hier starb Käthe Kollwitz im April 1945. In ihrem Wohnhaus werden eine Ausstellung zu Leben und Werk aber auch Arbeiten der Kollwitz-Preisträger gezeigt (Meißener Str. 7, Tel. 03 52 07/828 18, www.kollwitz-moritzburg.de, April–Okt. Mo–Fr 11–17, Sa, So 10–17 Uhr, Nov.–März Di–Fr 12 bis 16, Sa, So 11–16 Uhr).

*Fasanenschlösschen und Großteich

Dem Zeitgeist des Rokoko entsprechend ließ sich Friedrich August III. 1769 bis 1782 im angrenzenden Wald das intime, zierlich wirkende Fasanenschlösschen errichten, das außen mit Chinoiserien und innen mit Stuckdecken geschmückt ist. Das Dach krönt

Die Brücke

Anfang des 20. Jahrhunderts entdeckten die Künstler die reizvolle Gegend vor den Toren Dresdens. Aufsehen erregten um 1910 die »Brücke«-Maler › S. 53 Karl Schmidt-Rottluff, Max Pechstein und ihre Freunde: Sie zogen mit ihren Modellen in die Moritzburger Wald- und Teichlandschaft, um dort in freier Natur Aktbilder zu malen.

Der Leuchtturm verlieh den inszenierten Seeschlachten Atmosphäre

ein ungewöhnliches Figurenpaar: ein wohlgenährter Mandarin im Schneidersitz und ein dunkelhäutiger Knabe im blauen Kittel (Tel. 03 52 07/87 36 10, Besichtigung nur mit Führung: April bis Sept. 10–17.30 Uhr, April und Okt. 10–16.30 Uhr, Voranmeldung empfohlen).

Am Ufer des nahe gelegenen **Großteichs** reibt man sich erstaunt die Augen: Wie kommen die Mole und der Leuchtturm hierher? Man muss sich die Vergnügungslust des Dresdner Adels vergegenwärtigen: Beides diente als Kulisse, wenn zur Belustigung der Hofgesellschaft auf dem Teich Seeschlachten zwischen nachgebauten Holzfregatten inszeniert wurden.

Wildgehege

Nicht weit vom Fasanenschlösschen, an der Straße nach Radeberg, erstreckt sich das 40 ha große Wildgehege. Hier kann man mehr als 30 heimische Tierarten unter naturnahen Bedingungen erleben, darunter Füchse, Wölfe und Eulen. Angelegt wurde das Gehege Ende des 17. Jhs., allerdings zunächst für die Jagd. Angeschlossen ist ein Hochseilgarten, von dem aus man die Tiere aus der Vogelperspektive beobachten kann (Tel. 03 52 07/ 830 28 85, März–Okt. tgl. 10–18, Nov./Dez. 9–16 Uhr, Jan./Febr. nur Sa, So 9–16 Uhr).

Info

Tourist-Information Moritzburg
Schlossallee 3 b
01468 Moritzburg
Tel. 03 52 07/85 40
www.kulturlandschaft-moritzburg.de

Restaurant

Adams Gasthof
Markt 9][Tel. 03 52 07/997 75
Rustikaler Landgasthof, Spezialitäten sind Wildgerichte und Karpfen aus dem Moritzburger Schlossteich. ●●

*Radebeul 3

Dresden › Radebeul

Dauer: ½ Tag
Praktische Hinweise: Radebeul ist durch die S-Bahn 1 und die Straßenbahnlinie 4 mit Dresden verbunden. Besonders wenn man vor hat, den köstlichen Radebeuler Wein ausgiebig zu genießen, sollte man auf das Auto verzichten.

Landschaft, Weinberge und das milde Klima haben Radebeul, das sich im Nordwesten an Dresden anschließt, die Bezeichnung »sächsisches Nizza« eingebracht. Wohlhabende Beamte, Fabrikanten und Künstler ließen sich im 19. Jh. in Kötzschenbroda und umliegenden Gemeinden Villen bauen. Heute leben in dem langgestreckten Ort die meisten Millionäre Ostdeutschlands – kein Wunder, dass hier Ferrari und Rolls-Royce inzwischen eine Niederlassung haben.

Karl-May-Museum

Von 1896 bis zu seinem Tod 1912 lebte hier der Erfolgsschriftsteller **Karl May**, Schöpfer von Winnetou, Old Shatterhand, Hadschi Halef Omar und Kara Ben Nemsi. Das Wohnhaus, gekauft von Bestsellerhonoraren, nannte er Villa Shatterhand. In der Ausstellung zu Leben und Werk Karl Mays, der zu den meistgelesenen deutschen Autoren gehört, werden u.a. die legendären Waffen seiner Helden gezeigt. 1994 erwarb das Museum auch den Schreibtisch und die wertvolle Bibliothek des »Großmystikers« (Arno Schmidt), die im Arbeits- und Empfangs-

Beim Karl-May-Fest: Indianer aller Länder vereinigt euch

zimmer zu bewundern sind. Die großformatigen Bilder stammen von Mays Freund, dem Jugendstilkünstler Sascha Schneider, der für die ersten Buchausgaben Mays die Illustrationen lieferte.

Im Garten steht die **Villa Bärenfett**, ein stilecht nachgebautes Blockhaus, wo Kleidung, Waffen, Fotos, Gemälde sowie Nachbildungen nordamerikanischer Indianer gezeigt werden (Karl-May-Str. 5, Tel. 03 51/837 30 10, www.karl-may-stiftung.de, März–Okt. Di–So 9–18 Uhr, Nov.–Febr. Di bis So 10–16 Uhr).

Karl Mays Grab, noch immer Pilgerziel vieler Verehrer, liegt unübersehbar auf dem Friedhof Radebeul-Ost in einem der griechischen Siegesgöttin Nike geweihten Tempel.

Echt gut!

Mitte Juni findet das **Karl-May-Fest** statt. Schauplatz ist der Lößnitzgrund mit seinen Schluchten und Felsen, durch den – als »Santa-Fé-Express« – die Schmalspurbahn dampft. Indianer schlagen ihre Tipis auf, Cowboys schwingen das Lasso und ein orientalischer Basar lockt mit exotischen Düften und Klängen (www.karl-may-fest.de).

DDR-Museum Zeitreise

Einen Einblick in das Alltagsleben der DDR gibt das aus einem Fahrzeugmuseum hervorgegangene DDR-Museum – stilecht untergebracht in einem DDR-Büro-Plattenbau (Wasastr. 50, Tel. 03 51/835 17 80, www.ddr-museum-dresden.de, Di–So 10–18 Uhr).

Hoflößnitz

An den Hängen der Lößnitz gedeiht seit Jahrhunderten Wein. Probieren kann man ihn im **Weingut Hoflößnitz** (Knohlweg 37). Ein Museum informiert über den hiesigen Weinbau. Den holzgetäfelten Festsaal aus dem 17. Jh. im Obergeschoss zieren Bilder von Tugenden, Engeln und exoti-

Wackerbarths Weinidylle

August Christoph Graf von Wackerbarth, Generalfeldmarschall am Hof Augusts des Starken, liebte die Reben und suchte einen standesgemäßen Alterssitz. Diesen ließ er sich am Fuß der Weinberge des heutigen Radebeul 1729 als barockes Schloss von Hofbaumeister Johann Christoph Knöffel bauen und gab ihm den Namen »Wackerbarths Ruh«. Später wünschte er sich noch ein Belvedere, das ihm Zwinger-Baumeister Pöppelmann errichtete. Von 1731 bis 1734 hatte er Zeit, hier seinen Lebensabend zu genießen.

1992 zog dann das Sächsische Staatsweingut auf Schloss Wackerbarth ein. Dieses baut auf ca. 120 ha u. a. Riesling, Traminer, Ruländer, Weißburgunder und Müller-Thurgau an. Das milde Klima im Elbtal, die alten Trockenmauern, die die Wärme der Sonnenstrahlen speichern und nachts wieder abgeben, und die lange Erfahrung der Winzer sind die Garantie für die gute Qualität der meist trockenen sächsischen Weine.

Herrliche Aussichten am Belvedere von Schloss Wackerbarth

schen Vögeln (Tel. 839 83 41, www.hofloessnitz.de, April–Okt. Di–So 10–17, Nov.–März 12 bis 15 Uhr).

Nicht weit von hier führt die »Himmelsleiter«, mit 365 Stufen die längste Treppe Sachsens, zum **Spitzhaus** hinauf. Es lag ideal für die Zusammenkünfte der Besitzerin, Gräfin Cosel, mit August dem Starken › S. 94. Heute ist es ein Panoramarestaurant (Spitzhausstr. 36, Tel. 830 93 05, ●●).

*Altkötzschenbroda

Der alte Dorfkern liegt malerisch um einen Anger nahe dem S-Bahnhof Radebeul-West. In den liebevoll restaurierten Häuschen haben sich Weinstuben, Galerien und Geschäfte angesiedelt. Über die Stadtgrenzen hinaus bekannt ist das Weinfest Ende September (www.weinfest-radebeul.de).

*Schloss Wackerbarth 4

Auf der Straße nach Meißen erreicht man das **Barockschloss Wackerbarth.** Umgeben von Weinbergen ist das 1729 erbaute Schloss heute Sitz des Sächsischen Staatsweinguts, das hier ein Erlebnisweingut eingerichtet hat (Tel. 895 50, www.schloss-wackerbarth.de, tgl. 9.30–20 Uhr). Überragt wird das Schloss von dem achteckigen Belvedere. Bei den **Wein- und Sektführungen** geht es täglich um 14 und 17 Uhr sowie Sa, So 12–17 Uhr zur vollen Stunde in den Keller. Die Weine und Sekte kann man auch im Gutsrestaurant kosten (Tel. 895 53 10, ●●●). Von Mai bis Oktober **spielen junge Musiker jeden Sonntag ab 14 Uhr auf,** während man auf der Terrasse die edlen Tropfen genießt.

Echt gut!

Echt gut!

Karte Seite 122

Bilz-Bad

Kulturgeschichtlich interessant ist das **Bilz-Bad** in Oberlößnitz. Das erste Wellenbad Europas stammt von 1912 und ist noch in Betrieb. Initiiert hatte es der sächsische Naturheilkundler Friedrich Eduard Bilz, der Radebeul zu einem Zentrum der Lebensreformbewegung machte. (Meiereiweg 108, Tel. 03 51/8 38 72 47, www.sbf-radebeul.de Mai tgl. 10–19, Juni bis Aug. tgl. 9–20 Uhr).

Info

Tourist-Information Radebeul
Meißner Str. 152][01445 Radebeul
Tel. 03 51/8 95 41 20
www.radebeul.de

Radeberg 5 und Pulsnitz 6

Dresden › Radeberg › Pulsnitz

Dauer: 4–5 Std.
Praktische Hinweise: Die Tour lässt sich am bequemsten mit dem Auto machen. Beide Ziele sind außerdem per Bus erreichbar: Die Linie 309 verkehrt vom Schillerplatz über Radeberg nach Pulsnitz. Radeberg erreicht man weiterhin mit der Linie 305 ab Hauptbahnhof bzw. mit der Regionalbahn.

Von Dresden sind es nur 12 km nach **Radeberg**. Als erstes stößt man dort auf die **Radeberger Exportbierbrauerei**, die den Namen des Ortes berühmt gemacht hat. Bei Betriebsführungen kann man das naturtrübe Zwickelbier probieren (Anmeldung: Tel. 035 28/ 45 48 80, www.radeberger.de). Anschließend lockt ein Spaziergang zum schönen Marktplatz. Das unterhalb liegende Wasserschloss Klippenstein ist kürzlich saniert worden und birgt ein sehenswertes **Heimatmuseum** (Schloßstr. 6, Tel. 0 35 28/44 26 00, www.schloss-klippenstein.de, Di–Fr 9–12 und 13–16, Sa, So 11–17 Uhr).

Im gründerzeitlichen Kaiserhof ist nicht nur der Radeberger Brauereiausschank, sondern auch das **Radeberger Biertheater** zu Hause. Hier werden unterhaltsame Stücke auf Sächsisch gespielt (Hauptstr. 62, Tel. 035 28/48 70 70, www.biertheater.de).

Echt gut

Weitere 15 Kilometer nördlich liegt **Pulsnitz**. Hier werden die berühmten Pfefferkuchen gebacken. In der Schauwerkstatt sind historische Maschinen zu sehen und man kann sogar selbst backen (Am Markt 3, Mo–Fr 10–17, Sa 9–12, So 14–17 Uhr). Im Ort kann man auch bei der Herstellung der Lausitzer Keramik zuschauen. Nicht versäumen sollte man einen Besuch im Geburtshaus des Dresdner Bildhauers Ernst Rietschel und in der **Nikolaikirche** (1740), beide liegen nahe dem Marktplatz. Das Pulsnitzer Schloss mit weitläufigem Park ist heute eine Klinik.

Info

Touristinformation Pulsnitz
Am Markt 3][01896 Pulsnitz
Tel. 03 59 55/4 42 46][www.pulsnitz.de

Schönfelder Hochland und Stolpen

Dresden › Schönfeld › Stolpen › Langenwolmsdorf

Dauer: ½–1 Tag
Praktische Hinweise: Für diese Tour empfiehlt sich das Auto. Über die B6 geht es zunächst in den Dresdner Stadtteil Bühlau. An der Straßenbahnendhaltestelle biegt man halbrechts ab und erreicht die Orte des Schönfelder Hochlandes.

Schönfelder Hochland

Hier zeigt sich das ländliche Dresden: Kleine Dorfkerne, Bauernhöfe, alte (meist noch unsanierte) Herrenhäuser in Parks, Waldgebiete und weite Felder wechseln sich ab. Immer wieder bieten sich herrliche Ausblicke über das Elbtal bis hin ins Osterzgebirge oder zu den Tafelbergen der Sächsischen Schweiz. Über Quohren, Gönnsdorf, Helfenberg und Rockau mit einem **bei Dresdnern beliebten Aussichtspunkt,** erreicht man **Schönfeld** 7. In der Mitte des Ortes steht das erst kürzlich sanierte **Renaissance-Wasserschloss** von 1577. In den schönen hohen Räumen ist ein kleines »Museum der Magie« eingerichtet; weitere zauberhafte Attraktionen sollen folgen (Tel. 263 26 28, www.daszauberschloss.de, April–Okt. Sa, So, Fei 13–17, Nov.–März 13–16 Uhr). Die gegenüberliegende evangelische Kirche stammt aus dem 15. Jh.

Echt gut!

Im Ortsteil Reitzendorf erinnert das **Kleinbauernmuseum** an das Leben in früherer Zeit (Tel. 264 17 83, Schullwitzer Str. 3, Mo–Fr 9–16, Sa, So 13–17 Uhr).

Über Eschdorf und Dürrohrsdorf-Dittersbach, dessen Schloss noch unsaniert und dessen Kirche mit Silbermannorgel von 1726 leider meist geschlossen ist, erreicht man Stolpen.

Stolpen 8

Weithin sichtbar ragt der 25 km östlich von Dresden am Rand der Sächsischen Schweiz gelegene Basaltberg mit den trutzigen Türmen der ***Burg Stolpen** in die Landschaft. Berühmtheit erlangte die Burg durch die Gräfin Cosel › S. 94. Die in Ungnade gefallene Mätresse wurde von 1716 bis zu ihrem Tod hier gefangen gehalten

Gräfin Cosel

(Schlossstr. 10, Tel. 03 5973/234 10, www.burg-stolpen.de, April–Okt. tgl. 9–18, sonst tgl. 10–16 Uhr).

Nach dem Aufstieg zur Burg durch die Gassen der verträumten Stolpener Altstadt steht man vor dem **Torhaus**, dem Eingang zu der vier Höfe umfassenden Anlage. Im ersten Hof ist das Kornhaus von 1518 interessant, in dem zugleich die **Folterkammer** untergebracht war, deren schreckliche Instrumente man besichtigen kann. Vom zweiten Burghof mit dem weißen Schlösserturm führt das mit dem kursächsischen Wappen geschmückte Hauptportal aus dem 16. Jh. in den dritten Hof, das Herzstück der Burg. Dort stehen noch Eisengusskanonen aus der Zeit um 1700. Den **Johannis- oder Coselturm** bewohnte die Cosel während ihrer Gefangenschaft; die Räume zeigen eine Ausstellung über die Gräfin.

1608 begann man den 82 m tiefen **Burgbrunnen** im vierten Burghof zu graben. Den Basaltgrund bezwang man, indem man den Stein erhitzte, mit kaltem Wasser abgeschreckte und dann mit dem Meißel abgeschlug. Pro Jahr drang man so gerade einmal 3 bis 4 m in die Tiefe und stieß erst nach 22 Jahren auf Wasser. Vom vierten Burghof führt eine Treppe auf den **Fürstenplatz**. Hier stand das einstige Bischofs- und spätere Fürstenhaus. Vom Aussichtsplateau hat man einen herrlichen Blick auf die Berge der Sächsischen Schweiz.

im östlich gelegenen Ortsteil **Langenwolmsdorf** 9 kann man im **Ratags-Kunsthandwerkerhaus** erzgebirgische Holzkunst erstehen. In der Schauwerkstatt lassen sich Schnitzer und Drechsler bei der Arbeit über die Schulter schauen. Den Hunger stillt die deftige sächsische Küche der Bauernwirtschaft (Hauptstr. 120/167, Tel. 03 59 73/624 90, www.ratags.de, tgl. 9–18 Uhr).

Echt gut!

**Pirna und Umgebung

Dresden › Großsedlitz › Weesenstein › Glashütte › Pirna

Dauer: 1 Tag

Praktische Hinweise: Den Barockgarten erreicht man von der S-Bahn-Station Heidenau-Großsedlitz nach 15-minütigem Fußweg bergauf. Weesenstein und Glashütte sind mit der Regionalbahn ab Heidenau zu erreichen. Die S-Bahn fährt von Dresden nach Pirna. Autofahrer erreichen die Gegend über die A 17 bis Großsedlitz.

Großsedlitz 10

Südöstlich von Dresden lockt Großsedlitz mit seinem ***Barockgarten** zu Spaziergängen. August der Starke feierte gerne auch außerhalb der Residenz. Da er nicht genügend Geld hatte, selbst überall Schlösser und Parks zu errichten, drängte er auch die Adligen und Minister seines Hofes dazu. So beauftragte Reichsgraf Wackerbarth den Architekten J. C. Knöffel mit dem Bau einer großen

Gartenanlage, die August später kaufte. Das zugehörige Schloss blieb unvollendet. Umso reizvoller ist der terrassierte Barockgarten mit Oberer und Unterer Orangerie und **wunderschönen Skulpturen,** u. a. die von Pöppelmann entworfene »Stille Musik« (Parkstr. 85, www.barockgarten-grosssedlitz.de, April–Aug. tgl. 8–20 Uhr, sonst bis Dämmerung).

cht gut!

*Weesenstein 11

Das wohl ungewöhnlichste Schloss Sachsens wurde auf einem Vulkankegel im Müglitztal gebaut. Ältester Teil ist der von einer barocken Haube bekrönte Schlossturm auf der Bergspitze. Die jüngeren Anbauten aus Barock und Klassizismus stehen am Fuß des Bergsporns, wo sich der nach der Flut 2002 wieder hergestellte Barockgarten erstreckt. Beim Rundgang kommt man durch mittelalterliche Gewölbe, barocke Säle und die barocke Hofkapelle sowie durch die mit historischen Tapeten ausgestatteten Räume, in die König Johann sich zurückzog, um mit seinen literarischen Freunden die von ihm übersetzte Göttliche Komödie Dantes zu rezitieren (Tel. 03 50 27/62 60, www.schloss-weesenstein.de, April–Okt. tgl. 9–18, sonst tgl. 10–17 Uhr).

Gleich drei Lokale machen das Schloss ebenso zu einer attraktiven kulinarischen Adresse: Von der Terrasse des **Schlosscafés** (Tel. 03 50 27/54 41, Fr–Di 11–18 Uhr) hat man im Sommer einen herrlichen Blick über den Park. Die **Schlossküche** ist ein uriges Lokal im ehemaligen Küchengewölbe König Johanns (Tel. 03 50 27/ 624 18, Mi–So 11–20/22Uhr) und in der **Schlossbrauerei Weesenstein** wird seit 1510 Bier gebraut (Tel. 03 50 27/420 04, Nov.–April Di–Fr 18–24, Mai–Okt. Di–Fr 12–24 Uhr, Sa, So 11–24 Uhr).

Historische Tapeten in Schloss Weesenstein

In Glashütte, bei A. Lange & Söhne, werden Luxusuhren hergestellt

Glashütte 12

Liebhabern teurer Uhren ist Glashütte ein Begriff, kommen von hier doch die luxuriösesten Armschmuckstücke Deutschlands. Die Geschichte der Uhrmacherkunst in dem Erzgebirgsort beginnt 1845, als Adolph Lange hier die sächsische Feinuhrmacherei begründet. Auf dem Werksgelände wird seit der Wende durch die neugegründete Lange Uhren GmbH wieder produziert. Aber auch die Firmen Glashütte Original, Nomos oder Wempe stellen hier Luxusuhren her. Einen eindrucksvollen Überblick über Geschichte und Gegenwart der Uhrenproduktion in der Stadt gibt das 2008 eröffnete **Deutsche Uhrenmuseum**. Es zeigt auf rund 1000 m² über 400 historische Zeitmesser aller prominenten Hersteller des Ortes (Schillerstr. 3a, Tel. 03 50 53/462 83, www.uhrenmuseum-glashuette.com, tgl. 10–17 Uhr).

**Pirna 13

Die Kreisstadt gilt als Tor zur Sächsischen Schweiz und wartet mit zahlreichen Sehenswürdigkeiten und einem wunderbar geschlossenen Stadtbild auf. Der rechteckige ****Marktplatz** mit dem Rathaus in der Mitte und Bürgerhäusern aus der Renaissance ist noch fast genauso erhalten, wie ihn Bernardo Bellotto um 1753 gemalt hatte. Das großformatige Gemälde wird in der Dresdner Gemäldegalerie gezeigt.

Die Silhouette der Stadt dominiert der Turm der spätgotischen ***St. Marienkirche**, ein schönes Beispiel der sächsischen Hallenkirchen. Die Highlights ihres großartigen Innenraums sind die im 16. Jh. ausgemalten Gewölbedecken und der 10 m hohe Sandsteinaltar aus der Spätrenaissance (Mai–Okt. Mo–Sa 11–17, So 16 bis 18 Uhr, Nov.–April Mo–Sa 11–15, So 15–17 Uhr).

Oberhalb der Kirche überragt **Schloss Sonnenstein** die Stadt. Im Dritten Reich wurden hier über 13 000 kranke und behinderte Menschen von den Nationalsozialisten durch das Euthanasie-Programm umgebracht. Eine Gedenkstätte im Park erinnert daran (Schlosspark 11, Mo–Fr 9–15, nur 1. Sa im Monat 10–15 Uhr). Das Schloss wird derzeit saniert und zum Landratsamt umgebaut.

In einem Teil des ehemaligen Dominikanerklosters informiert heute das **Stadtmuseum** über Elbsandstein und die Stadtgeschichte (Klosterhof 2, Tel. 0 35 01/55 64 61, Di–So 10–17 Uhr).

Info

Tourist-Service Pirna
Am Markt 7][01796 Pirna
Tel. 0 35 01/55 64 47][www.pirna.de

*Landschloss Zuschendorf 14

Mit dem Stadtbus Z gelangt man zu dem über 600-jährigen Schloss, das zu DDR-Zeiten teilweise abgebrochen und nach der Wende wiederaufgebaut wurde. Heute ziehen die **Ausstellungen zur Kamelien- und Azaleenzucht** in den Anlagen rund um das Schloss zahlreiche Ausflügler an. Pflanzen gibt es im angeschlossenen Laden zu kaufen (Am Landschloss 6, www.kamelienschloss.de, März. bis Okt. Di–Fr 10–18, Sa, So bis 17 Uhr).

Echt gut!

Graupa 15

Der Stadtbus G/L fährt von Pirnas Zentrum in den Ortsteil Graupa auf der anderen Elbseite. Zuvor hält er am Liebethaler Grund, wo einige Minuten von der Lochmühle entfernt das 1933 von Richard Guhr geschaffene größte Richard-Wagner-Denkmal der Welt steht. Der Komponist ging hier gern wandern und wohnte zeitweise in Graupa im »Schäferschen Gut«, wo er 1846 »Lohengrin« schrieb. Nach umfangreicher Sanierung ist das zum Richard-Wagner-Museum gehörige Fachwerkhaus wieder geöffnet. Die Sammlung des **Richard-Wagner-Museums** selbst wird ab Ende 2012 im renovierten Graupaer Schloss gezeigt (Richard-Wagner-Str. 6, Tel. 035 01/54 82 29, www.richardwagner-museum.de, Di–So 10–16 Uhr). Im Schlosspark kann man auf einem Lehrpfad wandeln, der auf Tafeln den Lebensweg des berühmten Komponisten nachzeichnet.

Wunderschön: Pirnas historischer Marktplatz

**Sächsische Schweiz

Dresden › Königstein › Rathen › Bastei › Hohnstein › Bad Schandau

Dauer: 1 Tag
Praktische Hinweise: Bei diesem Ausflug lassen sich Fahrrad, Raddampfer und S-Bahn miteinander verbinden: Elberadweg und Bahnlinie verlaufen beide im Tal, der 20-Minuten-Takt der S-Bahn und die nur 5 km voneinander entfernten Bahnhöfe ermöglichen den spontanen Umstieg. Die Autostraße verläuft weitgehend auf der Hochebene abseits der Elbe. Die Anreise ist dann zwar bequemer, landschaftlich aber weniger reizvoll.

Die bizarren Sandsteinfelsen, Steilwände, Tafelberge und Schluchten der Sächsischen Schweiz sind ein Paradies für Bergsteiger und Spaziergänger. 1200 km Wanderwege stehen hier zur Verfügung. Der schönste und am besten ausgebaute ist der **Malerweg** (www.malerweg.de). Er führt durch die wichtigsten Orte der Sächsischen Schweiz und kann von jedem Punkt aus begonnen werden. S-Bahn-Anschluss besteht in Pirna, Naundorf, Rathen, Königstein oder Schöna. Das Radwegenetz erstreckt sich über 384 km. Man kann auch einfach mit dem Schiff durch das Elbtal schippern und die majestätische Felslandschaft an sich vorüberziehen lassen.

Echt gut!

**Festung Königstein 16

Eindrucksvoll erhebt sich die Festung Königstein über den gleichnamigen Ort. Für die letzten Meter vom Besucherparkplatz bis zum Aufzug kann den Festungsexpress nutzen. Die Anlage umfasst das gesamte Plateau eines Tafelberges und wird von einer 1,7 km langen Mauer umschlossen. 1233 wurde zum ersten Mal eine Burg auf dem Königstein erwähnt. Wichtigste Sehenswürdigkeiten sind die Georgenburg, der mehr als 150 m tiefe Brunnen, der ehemalige Weinkeller und die Schlosskapelle. Die Alte Kaserne von 1589 gilt als das älteste, erhaltene Kasernengebäude Deutschlands (Tel. 03 50 21/646 07, www.festung-koenigstein.de, April bis Sept. 9–20, Okt.–März 9–17 Uhr).

Im **Erlebnisrestaurant »In den Kasematten«** kann man auf eine kulinarische Zeitreise durch 300 Jahre sächsische Militärgeschichte gehen (Tel. 03 50 21/644 44, www.festung.com, ●●). Zahlreiche Veranstaltungen füllen die Festung mit Leben, darunter Konzerte oder der **historische Weihnachtsmarkt** am 2. Advent.

Echt gut!

Rathen 17

Ein Touristenmagnet ist der Kurort Rathen mit seinen renovierten Gasthöfen, hübschen Pensionen und Cafés am rechten Elbufer. Das Auto muss man 1 km vor dem Ort oder auf der anderen Flussseite parken. 15 Gehminuten von Nieder-Rathen entfernt, versteckt sich zwischen wildromanti-

Karte Seite 122

Die Festung Königstein

schen Kletterfelsen der **Amselsee** (Ruderbootverleih). Am anderen Ende des Sees, etwa 500 m entfernt, zweigt rechts der Höllgrund ab, geradeaus geht es weiter zum rauschenden, 10 m hohen Amselfall. Biegt man noch vor dem Amselsee links ab, gelangt man durch den Wehlgrund zur 1936 erbauten ***Felsenbühne Rathen**, dem mit 2000 Plätzen größten Naturtheater Sachsens (Tel. 03 50 24/ 77 70, www.dresden-theater.de).

12 **Bastei 18

In Rathen beginnt der Aufstieg zum berühmten Felsmassiv der Bastei. Der Weg verläuft über die Ruine der Felsenburg Neurathen zur fast 80 m langen Basteibrücke. Über den abenteuerlich an die Felsen gehefteten Steg gelangt man zu dem viel besuchten Aussichtspunkt mit Restaurant: Weit neigt sich der Felsen zur Elbe vor und ermöglicht so einen großartigen Blick ins 200 m tiefere Elbtal hinunter und bis hinüber nach Tschechien.

Nationalpark Sächsische Schweiz

1990 wurde der Nationalpark eingerichtet, um die charakteristische Natur des Elbsandsteingebirges zu schützen. Die imposanten, stark zergliederten Sandsteinnadeln und Felsriffe entstanden durch Erosion: Die Elbe und ihre Nebenflüsse formten aus der über 600 m dicken Sandsteinschicht der Kreidezeit diese in Europa einmalige Felslandschaft. Von einsamen Kiefern bestandene Gipfel wechseln mit tief eingeschnittenen Tälern und urwüchsigen Buchenwäldern. Infos: www.nationalpark-saechsische-schweiz.de

Hohnstein liegt am Rande des Nationalparks Sächsische Schweiz

Hohnstein 19

In Hohnstein mit seinem hübschen Markt lohnt ein Besuch der gut erhaltenen Burganlage mit Museum (www.burg-hohnstein.info). Der Ort ist ein guter Ausgangspunkt für Wanderungen und Klettertouren im **Nationalpark Sächsische Schweiz** › S. 137.

Bad Schandau 20

Bad Schandau hat in den vergangen Jahren wieder an seine einstige Bedeutung als Kurort anknüpfen können. In mehreren Hotels und Einrichtungen kann man sich hier herrlich entspannen, so im Hotel Elbresidenz oder in der **Toskana-Therme** kurz hinter dem Ortskern (Tel. 03 64 61/920 00, www.toskanaworld.net, tgl. 10–22, Fr, Sa bis 24 Uhr). Von Bad Schandau aus fährt eine **historische Straßenbahn** auf einer 8 km langen Strecke durch das wildromantische Kirnitzschtal (www.kirnitzschtalbahn.de).

Echt gut!

Info

■ **Tourismusverband Sächsische Schweiz**
Bahnhofstr. 21][01796 Pirna
Tel. 03 51/47 01 47
www.saechsische-schweiz.de

■ **Haus des Gastes Rathen**
Füllhölzelweg 1][01824 Rathen
Tel. 03 50 24/7 04 22

■ **Tourist Service Bad Schandau**
Markt 12 01814][Bad Schandau
Tel. 03 50 22/9 00 30][Fax 9 00 34
www.bad-schandau.de

Hotel

Hotel Elbresidenz Bad Schandau
Markt 1–11][Bad Schandau
Tel. 03 50 22/91 90
www.elbresidenz-bad-schandau.de
Luxushotel im Stadtzentrum mit herrlichem Spa und Gourmet-Restaurant. ●●●

Infos von A–Z

Ärztliche Versorgung

■ **Notfalldienst:** Tel. 192 92
■ **Krankentransport:** Tel. 192 22
■ **Zahnärztlicher Notdienst:** Fiedlerstraße 25 (Haus 28), Tel. 458 36 70, Mo–Fr 22–7 Uhr, Sa, So 8–7 Uhr

Behinderte

Informationen für Touristen mit Handicap, Ausflüge und Stadtrundfahrten in behindertengerechten Bussen sowie Infos über behindertengerechte Hotels bekommt man bei der Dresden Tourismus GmbH (s. unten).

Feiertage

Neben den allgemeinen bundesweiten Feiertagen begeht das protestantische Sachsen zusätzlich am 31. Oktober den Reformationstag und am dritten Mittwoch im November den Buß- und Bettag.

Fundbüros

■ **Fundbüro der Stadt Dresden:** Theaterstr. 11–15 (im Ordnungsamt), Tel. 488 59 97, Mo, Fr 9–12, Di, Do bis 18 Uhr.
■ **Deutsche Bahn AG:** Hauptbahnhof Gepäckzentrum, Tel. 09 00/199 05 99, Mo–Sa 8–20, So, Fei 10–20 Uhr.

Information

■ **Dresden Tourismus GmbH,** Postanschrift: Prager Str. 2b, 01069 Dresden, Tel. 50 16 01 60, Fax 50 16 01 66, www.dresden.de/tourismus
■ **Tourist-Information** im Kulturpalast, Schlossstr. 2, 01067 Dresden, April–Okt. tgl. ab 10 Uhr, Mo–Fr bis 19, Sa bis 18, So bis 15 Uhr; Nov.–März Mo–Fr bis 18, Sa bis 16, So bis 14 Uhr.

Gut zu wissen

■ **Dresden-Card:** Aktive Dresden-Besucher können mit den Dresden Cards richtig sparen: Freie Fahrt mit Bus, Bahn und Fähre sowie freien Eintritt in Kunstmuseen und viele weitere Ermäßigungen (u. a. City Card 48 Std. für 24 Euro). Die beschriebenen Ausflüge liegen im Geltungsbereich der 5 Tage gültigen Regio Card (75 Euro). Wer eher gemütlich bummeln will, kommt mit der Familientageskarte am DVB-Automaten und einzelnen Eintrittsgebühren billiger.
■ **Parkplätze:** Ein dynamisches Leitsystem führt zu freien Plätzen in Parkhäusern und auf Parkplätzen. In der Innenstadt sind auch an den Straßenrändern fast alle Parkmöglichkeiten gebührenpflichtig.
■ **Museen:** Die Museen der Staatlichen Kunstsammlungen haben unterschiedliche Schließtage: Montags sind die Zwinger-Museen und dienstags das Schloss zu. Für fast alle Museen der Stadt gilt die einheitliche Öffnungszeit von 10–18 Uhr. Für Museumsfans lohnt eine Jahreskarte (40 Euro) für alle Museen und Sonderausstellungen der Staatlichen Kunstsammlungen (außer Historisches Grünes Gewölbe).
■ **Opernkarten:** Immer wieder gibt es Beschwerden über überteuerte Schwarzmarkt-Opernkarten. Kaufen Sie Karten am besten frühzeitig im Vorverkauf oder an der Opernkasse.
■ **Umweltzone:** Noch steht der Termin für die Einführung der Umweltplakette nicht fest. Infos: www.umwelt-plakette.de

Sehr beliebt sind die Dampferfahrten auf der Elbe

Internet-Cafés

- **Mondial Internetcafé:** Rothenburger Str. 43, Tel. 895 14 70
- **Play Off:** Webergasse 1 (an der Altmarktgalerie), tgl. ab 9 Uhr

Notrufnummern

- **Polizei:** Tel. 110
- **Feuerwehr/Rettung:** Tel. 112
- **ADAC:** Tel. 01 80/222 22 22

Stadtrundfahrten und -gänge

Die Doppeldeckerbusse der Stadtrundfahrt Dresden bieten an 18 Haltestellen Ein- und Ausstiegsmöglichkeiten. Die Erläuterungen kommen mehrsprachig vom Tonband; das Tagesticket gilt auch für andere Führungsangebote. Abfahrt ab Augustusbrücke (Tel. 899 56 50, www.stadtrundfahrt.com). Bei den Touren mit den roten Doppeldeckerbussen der Dresdner Verkehrsbetriebe begleitet Sie ein Gästeführer; sie starten am Kulturpalast (Tel. 857 10 11, www.dvb.de).

Vom Wasser aus kann man Dresden mit der Sächsischen Dampfschifffahrt entdecken. Die Touren dauern 1,5 oder 3 Stunden (Tel. 86 60 90, www.saechsische-dampfschiffahrt.de). Die Stadt kann man außerdem bei einem Rundgang in Begleitung barocker Prominenz kennenlernen; Gruppen können sich ihren ganz persönlichen August den August über Dresden-Tourismus buchen (Tel. 50 16 01 60). Individuelle Führungen, z.B. mit Reichsgraf Brühl durch das barocke Dresden, bietet Barokkoko (Tel. 833 60 00, www.erlebnisrundgang.de, April–Oktober Fr 18 Uhr ab dem Kronentor im Zwinger). Über den barocken Tellerrand hinaus schaut igeltour, die vielfältige thematische Touren im Programm haben (Tel. 804 45 57, www.igeltour-dresden.de).

Taxi

Taxiruf: Tel. 21 12 11 oder 88 88 88 88

Vorwahl

Die Vorwahl von Dresden ist 03 51.

Urlaubskasse	
Tasse Kaffee	1,80 €
Softdrink	1,80 €
0,3 l Radeberger	2 €
Bratwurst mit Brot	2 €
Kugel Eis	0,80 €
Taxifahrt (10 Km)	20 €
Mietwagen/Tag	ab 60 €

Register

Bildnachweis

Alamy/Bildarchiv Monheim GmbH: 46; Alamy/Werner Dieterich: 29; Alamy/F1 online digitale Bildagentur GmbH:115; Alamy/SPP Images: 133; Alamy/vario images GmbH&Co.KG: 58; ASP Panama/Ronny Taube: 20; bean & beluga /Ulrich van Stipriaan: 26; Bildagentur Huber/Kaos: 102; Bildagentur Huber/R.Schmid: 119; Bildagentur Huber/Szyzska: 56, 95; Carte Blanche Theater GmbH: 34; Deutsches Hygiene-Museum Dresden: U2-Top12-07; Deutsches Hygiene-Museum Dresden/Steffen Giersch: 19; Sylvio Dittrich: U2-Top12-06, 6, 38, 96; www.elbhangfest.de/Holger Friebel: 55; fotolia.com/Jean Jacques Cordier: 67; fotolia.com/digi Dresden: U2-Top12-12, 113; fotolia.com/fotohansi: 83; fotolia.com/Frank: U2-Top12-08; fotolia.com/Ralf Gosch: 129; fotolia.com/Alexandra Gnatush-Kostenko: 8; fotolia.com/iMagine: 52; fotolia.com/Ole Jensen: 45, 135, 140; fotolia.com/Maximilian Krae: U2-Top12-11, 120; fotolia.com/Lianem: 88; fotolia.com/mbs: U2-Top12-01; fotolia.com/Andre Nantel: U2-Top12-04; fotolia.com/ordnas: 48; fotolia.com/PJS Bilder: U2-Top12-05; fotolia.com/Grzegorz Szlowieniec: 33; Ralf Freyer: 3, 18, 109, 125; Jan Herrmann: 37; HMG EVENTS GmbH & Co.KG: 35; Hotel Kempinski: 25; Wolfgang Jordan: 31; Martin Kirchner: 49, 71, 117; laif/Babovic: 72, 79; laif/Gernot Huber: 137; laif/Kirchgessner: 100; laif/Kirchner: 30, 36, 76, 84, 87; laif/Gregor Lengler: U2-Top12-09, 104; Lange Uhren GmbH: 134; LOOK-foto/age fotostock: 138;MeissenAE/ Peter Gaten: 32; Christoph Münch: 13, 16, 69, 74, 82, 92, 94, 99, 105, 107, 126; Photomemories/Angelika Gottschling-Meier: 127; QF Hotel GmbH&Co.KG: 59; Staatliche Kunstsammlungen Dresden/David Brandt: 43, 62; Staatliche Kunstsammlungen Dresden/Gemäldegalerie Alte Meister/Hans-Peter Klut/Elke Estel: U2-Top12-02, U2-Top12-03, 47, 131; Staatliche Kunstsammlungen Dresden/Galerie Neue Meister: 53; Staatliche Kunstsammlungen Dresden/Kunstgewerbemuseum/Jürgen Karpinski: 116; Staatliche Kunstsammlungen Dresden/Kunstgewerbemuseum/Werner Lieberknecht: U2-Top12-10; Starwood Hotels and Resorts Worldwide Inc.: 23; Transit-Archiv/Uwe Schossig: 65.

Polyglott im Internet: www.polyglott.de

Impressum

Wir freuen uns, dass Sie sich für einen Reiseführer aus dem Polyglott-Programm entschieden haben. Auch wenn alle Informationen aus zuverlässigen Quellen stammen und sorgfältig geprüft sind, lassen sich Fehler nie ganz ausschließen. Wir bitten um Verständnis, dass der Verlag dafür keine Haftung übernehmen kann. Ihre Hinweise und Anregungen sind uns wichtig und helfen uns, die Reiseführer ständig weiter zu verbessern. Bitte schreiben Sie uns:

GVG TRAVEL MEDIA GmbH, ein Unternehmen der GANSKE VERLAGSGRUPPE
Redaktion Polyglott, Harvestehuder Weg 41, 20149 Hamburg, redaktion@polyglott.de

Wir wünschen Ihnen eine gelungene Reise!

Herausgeber: GVG TRAVEL MEDIA GmbH
Redaktionsleitung: Grit Müller
Autoren: Frank Schüttig und Christoph Münch
Neukonzeption: Christoph Münch
Redaktion: Büro B2 Stuttgart / Wieland Höhne; Jürgen Fischer, München
Bildredaktion: Polyglott und B2 Text- und Redaktionsbüro Stuttgart / Nena Dietz
Layout: Ute Weber, Geretsried
Titeldesign-Konzept: Studio Schübel Werbeagentur GmbH, München
Karten und Pläne: Kartografie GVG TRAVEL MEDIA GmbH, Hamburg,
Theiss Heidolph (S. 122), Cordula Mann (Karte Umschlag hinten)
Kartografische Bearbeitung: Kartografie Huber
Satz: Büro B2 Stuttgart / Nena Dietz; Schulz Bild & Text, Mainz
Druck und Bindung: Stürtz Mediendienstleistungen, Würzburg

Printed in Germany
Dieses Buch wurde auf chlorfrei gebleichtem Papier gedruckt.
ISBN 978-3-8464-0651-9
PEFC/04-31-1404

Langenscheidt Mini-Dolmetscher Sächsisch

Als Grundregel des Sächsischen gilt »De Weeschn besieschn de Hardn« (»Die Weichen besiegen die Harten«), das heißt, auch harte Konsonanten werden meist weich gesprochen (p = b, t = d, k = g). Etwas schwieriger für alle Nichtsachsen ist die Aussprache der Vokale und Umlaute. Ein e wird zum ä, das ö hört sich an wie ein e und das ü wird zum langen i.

Nicht verzweifeln bei Wörtern mit der Silbe ei: Es heißt eens, zwee, dreie und nicht eens, zwee, dree. Einfacher wird's mit dem au, das sächsisch zum oo mutiert: loofn und goofn statt laufen und kaufen.
Für die Dresdner sind zwei kleine Worte sehr typisch: Zur Bestätigung (ja, doch, klar) sagen si »nu«. Und »nicht« wird zu »ni«.

Aahmd	Abend
ausbaldowern	herausfinden, auskundschaften
ausmährn	sich beeilen
babbsch	weich, pappig
bedäbberd	verdutzt, überrascht
bedudeld	beschwipst
Beene	Beine
Bemme	belegtes Brot
bitschenass	nass bis auf die Haut
Blaadsch	Tollpatsch
blaadschn	Bindfäden regnen
Blembe	unschmackhaftes Getränk, dünne Suppe
Bliemschngaffee	dünner Kaffee
Boom	Baum
Dämse	drückende Hitze, Gewitterschwüle
dischdsch	tüchtig
dickschen	schmollen, sich trotzig verhalten
didschn	eintunken (z. B. Kuchen in Kaffee)
dorheeme	daheim
Drähsdn	Dresden
draaschn	regnen
Dschuldschung	Entschuldigung
egah	fortwährend, immerzu
eingoofn	einkaufen
escha	ein energisches nein, oder »ach, wo denkst du hin«
es rääschent	es regnet
ferdsch	fertig
fischeland	geschickt, klug, clever
Fisemadenzschn	Dummheiten
fuchdsch (wärn)	wütend, zornig (werden)
gäägsch	blass, kränklich aussehen
Gaggsch	Spaß, Scherz
Gelummbe	Sachen, Kram, Mist
gemiedlisch	gemütlich
Gischdruden	Beine
Gnewertzchen	Füße, Zehen
Gobb	Kopf
gräfdsch	kräftig
Graf Googs	Angeber, Lackaffe
de Gräädsche machen	schlapp machen, krank werden, auch: sterben
Griebsch	Kerngehäuse des Apfels
Guhbläke	abgelegenes kleines Dorf
Gusche	Mund
(mei) Gudsder, (meine) Gudsde	(mein) Lieber, (meine) Liebe

Heeme machen	nach Hause gehen
helle	aufgeweckt, klug
hiefrisch	schwächlich
hinmachen	sich beeilen
Husche	kurzer Regenschauer, kleines Feuer im Ofen
iezsch	zornig, wütend
iewer	über
Laadschn	alte Schuhe, Hausschuhe
labbsch	schlaff, kraftlos, fade
Lähm	Leben; Lehm
laweede	labil, wackelig
Leibzsch	Leipzig
Lorge	dünner Kaffee
malade	matt, abgespannt
mährn	etwas langsam machen
meschugge	verrückt, nicht bei Sinnen
Morschn	Morgen, Guten Morgen
Motschegiebchen	Marienkäfer
Muggen	charakterliche Eigenheiten
närrsch	verrückt, nicht normal
ni	nicht (nur Raum Dresden)
ningeln	jammern
nu	ja, klar (Raum Dresden)
Nieselbriem	Tollpatsch
Raasche	Aufregung, Wut,
Rabadz	Lärm, Unruhe
Rangdewuh machen	gründlich aufräumen, Ordnung machen
Reformande	Strafpredigt
riewer un niewer	herüber und hinüber
rumbläägn	herumschreien
rumhubbm	herumhopsen, -hüpfen
Runks	Grobian
Schmedde	(altes, klapperiges) Fahrrad
Schlaadz	Riss, Schlitz
Schwabberich	kurzer Regenguss
Schweeßbemmen	Schweißfüße
sieße	süß
vorblembern	vergeuden
vorbummfiedln	verlegen, verschusseln
vorhohnebiebeln	verhöhnen, verspotten
vorgaggeiern	veralbern
wegmachn	sich räumlich verändern
Worscht	Wurst
zuudschn	nuckeln, saugen (z. B. am Trinkhalm)